編者的話

親愛的讀者：

今天，我的好朋友，兩岸達人，鍾藏政董事長，傳來好消息，我在「快手」的粉絲，已經超過194萬人，並且在急速成長中。我是一個很會把握機會的人，當北京「101名師工廠」董事長Alex邀請我時，立即無條件答應，能夠一次上課有百萬人聽到，能夠把自己的好方法和人分享，是人生最大的幸福！

看了梵谷的傳記，他一生窮困潦倒，生前的畫打破傳統，被排斥，他氣得把畫當柴火燒，死後100多年，竟然被別人標售「向日葵」一億美金。所以，我從來沒有預期，在我有生之年，我這種「革命性」的發明，會被大家接受。

我的方法：學習外語，應該先從「說」開始。音標、字母，都先不要學，而且要學就學「有教養的英語」，一次背三個極短的句子，並且要馬上能夠用到。例如：Thank you. I appreciate it. You're very kind. 這三句話，不是天天都可以用到嗎？學了要馬上能夠使用，才有成就感，要使用，才不會忘記，只有不忘記，才能累積，否則背到後面，忘記前面，太划不來了！背一句會忘記，三個句子一起，說起來熱情，又不容易忘記。

「啞巴英語」危害人類兩百多年，大家浪費時間，就是浪費生命，苦學英文的人，方法不對，到最後大多「絕望」收尾，吃虧太大了！

每天說三句，英文不進步都難

昨天，和美國老師Edward逛街，他說：I know this place. I've been here before. 我們想不出第三句，沒有想到，小芝突然冒出一句：I remember now. 這三句話合在一起，說出來多棒。

晚上，我們在「康迎鼎」用餐，巧遇Vie Show老闆翁明顯一家人在自家用餐，又造了三句優美的英文：This place is excellent. I highly recommend it. I give it two thumbs up. 我們把restaurant說成place，這三句話便可天天使用了。

發音是原罪，經過苦練的英文最美

我有一位朋友，台灣大學外文系畢業，當了助教，最後升到教授退休，他是好學生、好老師，一路上走來都是名人。他寫了一封英文信給我，看起來很棒，但是，給美國老師一看，錯誤百出，慘不忍睹。這是傳統英語學習的典型結果，也就是說，用傳統方法，自行造句，到美國留學，和美國人結婚，無論多麼努力，英文永遠沒有學好的一天。

我發明的方法：背「現成的句子」，以三句為一組，先學會說，不要管發音，很多英文老師喜歡糾正發音，反而害了小孩，讓他們失去信心，終生不敢說英文。我強烈建議英文老師：Encourage students. Don't discourage them. Don't correct pronunciation. 發音是「原罪」，有我們中國口音，經過苦練的英文最美。The most beautiful English comes from hard work. 我的英文都是「背」的，我說出來自然有信心。

有人問我文法要不要學？當然要，美國人寫的文法書很膚淺，把美國人害死了，很多美國人，不敢寫文章。我們國、高中文法書，還使用清朝的文法術語，文言文，把學生害死了！基本文法，一定要學，只要會做「極簡高中文法1000題」，便知道句子正確與否。需要這些資料，可以找長沙新航綫黃芬老師。現在，大家只要看「快手」和「抖音」我發表的免費「作品」即可。

「進步」讓我每天快樂！

　　我的同學告訴我：「你已經76歲，一隻腳已經踏進墳墓，不要再工作了！」其實，我從來沒有感覺自己是個老人，我覺得我還是「小孩」，每天在成長，「進步」讓我每天快樂。

　　很多人在網路上說：「我們是中國人，為什麼要學英文？」這是心理學上的酸葡萄作用，非常正常。傳統學「國際音標」、「漢語拼音」，文言文的文法術語像「賓語」、「狀語」，害大家失去學英文的信心。美國小孩是會說話後，才學閱讀和語法、背單字。學習是件快快樂樂的事，你試試看，不要拿課本，直接和外國老師聊天，你就在進步！

　　我不願意回到30歲，因為那時沒錢，什麼也不懂，一位大陸朋友都沒有；不願回到去年，因為我還沒有在「快手」教英文。現在，通訊進步太快，手機是最好的老師，裡面有無數人的智慧。我希望能夠在短時間內，讓大家學會英文。「擊敗啞巴英語」是我一生的心願！

劉毅

TEST 1 詳解

閱讀：是非題

1.(**N**) 書桌上有一台收音機。

2.(**N**) 有個男孩躺在床上。

> * radio〔'redɪ,o〕*n.* 收音機　　desk〔dɛsk〕*n.* 書桌
> lying〔'laɪɪŋ〕*v.* 躺【lie 的現在分詞】　　bed〔bɛd〕*n.* 床

3.(**Y**) 每個家庭坐在不同的桌子。

4.(**Y**) 其中兩名男士戴帽子。

> * family〔'fæməlɪ〕*n.* 家庭　　at〔æt〕*prep.* 在…旁邊
> different〔'dɪfərənt〕*adj.* 不同的　　table〔'tebḷ〕*n.* 桌子
> wear〔wɛr〕*v.* 穿；戴　　hat〔hæt〕*n.* 帽子

	星期一	星期二	星期三	星期四	星期五	星期六
13:30 | 14:30	🎵	🎻	🎵	🎵	🎻	🎵
15:00 | 16:30	🎻	🎵	🎹	🎻	🎵	🎻
18:30 | 20:00	🎹	🎵	🎹	🎸	🎵	🎸

5. (**N**)　安迪星期二上鋼琴課。

6. (**Y**)　安迪星期六上吉他課。

　　　　* piano〔 pɪˋæno 〕*n.* 鋼琴　　lesson〔ˋlɛsn̩ 〕*n.* 課程
　　　　take lessons 上課　　guitar〔 gɪˋtɑr 〕*n.* 吉他

安

7. (**Y**)　安今天八歲。

8. (**N**)　蛋糕上有八支蠟燭。

　　　　* Ann〔 æn 〕*n.* 安　　***there + be*** 有～
　　　　candle〔ˋkændl̩ 〕*n.* 蠟燭　　cake〔 kek 〕*n.* 蛋糕

9. (**Y**)　現在是三點十五分。

10. (**N**)　男孩正在打電玩遊戲。

　　　　* video〔'vɪdɪ,o〕*n.* 電視　　game〔gem〕*n.* 遊戲
　　　　video game 電玩遊戲

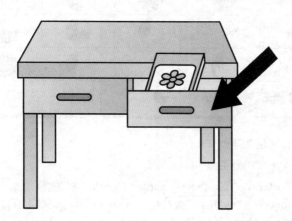

11. (**Y**)　抽屜是開著的。

12. (**N**)　書桌上有一本書。

　　　　* drawer〔'drɔɚ〕*n.* 抽屜　　open〔'opən〕*adj.* 打開的；開著的
　　　　book〔bʊk〕*n.* 書

13. (**N**) 這是一個起司漢堡。

14. (**Y**) 少了一片披薩。

　　　　* cheeseburger〔ˋtʃiz͵bɝgə〕*n.* 起司漢堡　　slice〔slaɪs〕*n.* 一片
　　　　pizza〔ˋpitsə〕*n.* 披薩　　missing〔ˋmɪsɪŋ〕*adj.* 不見的；缺少的

	做園藝	去看演唱會	聽音樂	運動
蘇菲亞	◖	◔	●	○
艾美	●	◕	◑	◔
班	○	◔	◑	◕
哈利	○	◔	◑	●

※ ● 總是　　◖ 通常　　◔ 常常　　◕ 偶爾　　○ 從不

15. (**Y**) 哈利總是在運動。

16. (**Y**) 班從不做園藝工作。

　　　　* work〔wɝk〕*v.* 工作　　garden〔ˋgɑrdn̩〕*n.* 花園；庭園
　　　　concert〔ˋkɑnsɝt〕*n.* 演唱會　　listen〔ˋlɪsn̩〕*v.* 聽；聆聽 < *to* >
　　　　music〔ˋmjuzɪk〕*n.* 音樂　　sport〔sport〕*n.* 運動
　　　　Sophia〔soˋfɪə〕*n.* 蘇菲亞　　Amy〔ˋemɪ〕*n.* 艾美
　　　　Ben〔bɛn〕*n.* 班　　Harry〔ˋhærɪ〕*n.* 哈利
　　　　always〔ˋɔlwez〕*adv.* 總是　　usually〔ˋjuʒʊəlɪ〕*adv.* 通常
　　　　often〔ˋɔfən〕*adv.* 常常　　sometimes〔ˋsʌm͵taɪmz〕*adv.* 有時候；偶爾
　　　　never〔ˋnɛvə〕*adv.* 未曾；從不

17. (**Y**) 兩個女孩正在海灘玩球。

18. (**N**) 兩個男孩正在沙灘建造城堡。

* ball〔bɔl〕*n.* 球　　beach〔bitʃ〕*n.* 海灘　　build〔bɪld〕*v.* 建造
castle〔ˈkæsl̩〕*n.* 城堡　　sands〔sændz〕*n. pl.* 沙灘

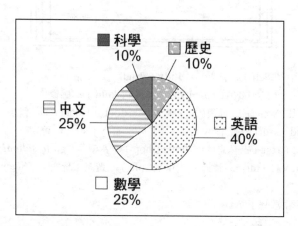

19. (**N**) 英文是最不受歡迎的科目。

20. (**N**) 中文是最受歡迎的科目。

* history〔ˈhɪstrɪ〕*n.* 歷史　　science〔ˈsaɪəns〕*n.* 科學
Chinese〔tʃaɪˈniz〕*n.* 中文　　math〔mæθ〕*n.* 數學
least〔list〕*adv.* 最不　　popular〔ˈpɑpjələ〕*adj.* 受歡迎的
subject〔ˈsʌbdʒɪkt〕*n.* 科目

閱讀：選擇題

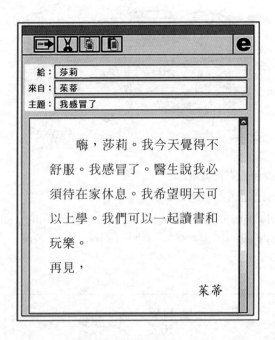

* Sally〔'sælɪ〕*n.* 莎莉　　Judy〔'dʒudɪ〕*n.* 茱蒂
  subject〔'sʌbdʒɪkt〕*n.* 主題　　cold〔kold〕*n.* 感冒
  well〔wɛl〕*adj.* 健康的；舒服的　　doctor〔'dɑktɚ〕*n.* 醫生
  said〔sɛd〕*v.* 說【say 的過去式】　　stay〔ste〕*v.* 停留
  rest〔rɛst〕*n.* 休息　　hope〔hop〕*v.* 希望　　***go to school*** 去上學
  study〔'stʌdɪ〕*v.* 讀書　　play〔ple〕*v.* 遊戲；玩樂　　***See you.*** 再見。

21.(**B**)　茱蒂怎麼了？

　　A. 她手臂骨折。

　　B. 她感冒了。

　　C. 她沒有做完功課。

　　* ***What's wrong with~?*** ～怎麼了？
　　　broke〔brok〕*v.* 折斷【break 的過去式】
　　　arm〔ɑrm〕*n.* 手臂　　finish〔'fɪnɪʃ〕*v.* 完成
　　　homework〔'hom,wɝk〕*n.* 功課

親愛的爸媽，

　　你們好嗎？我在台灣這裡很好。我所有的同班同學都對我很好，我的老師也是。我的體育老師，陳老師，真的對我很好，而且他也來自美國。他是個又高又帥的男士，我們都非常喜歡他。葛莉絲和她的家人真的都很好，所以不要擔心我。每個星期日，葛莉絲的爸爸會煮好吃的東西給我們吃。披薩和熱狗是我的最愛。伍夫如何？暑假要來了。我等不及要看到你們。叫班寫信給我。

　　　　　　　　　　　　　你們的女兒，

　　　　　　　　　　　　　雪莉

* dear〔dɪr〕*adj.* 親愛的　　classmate〔'klæs,met〕*n.* 同班同學
  PE 體育（= *physical education*）　　Mr.〔'mɪstə〕*n.* …先生；…老師
  the US 美國（= *the United States*）　　tall〔tɔl〕*adj.* 高的
  handsome〔'hænsəm〕*adj.* 英俊的　　Grace〔gres〕*n.* 葛莉絲
  family〔'fæməlɪ〕*n.* 家人　　worry〔'wɝɪ〕*v.* 擔心 < *about* >
  cook〔kʊk〕*v.* 煮；烹飪　　great〔gret〕*adj.* 很棒的
  food〔fud〕*n.* 食物　　pizza〔'pitsə〕*n.* 披薩　　***hot dog*** 熱狗
  favorite〔'fevərɪt〕*n.* 最喜愛的人或物　　Woof〔wuf〕*n.* 伍夫
  summer vacation 暑假　　***can't wait to V.*** 等不及～
  ask〔æsk〕*v.* 要求　　write〔raɪt〕*v.* 寫信給（人）
  daughter〔'dɔtə〕*n.* 女兒　　Sherry〔'ʃɛrɪ〕*n.* 雪莉

22.（ **B** ）關於雪莉，何者為真？

　　A. 她喜歡烹飪。

　　B. 她現在在台灣讀書。

　　C. 她將會在台灣度過暑假。

　　* enjoy〔ɪn'dʒɔɪ〕*v.* 喜歡；享受　　spend〔spɛnd〕*v.* 度過

祕密數字

　　很久以前，在人們能夠寫字以前，他們找到傳達訊息的方式。他們生火來告訴他人發生了什麼事。煙是一個訊息，所以其他在遙遠的地方的人就可以看到，並了解發生什麼事。然後，人們學會寫字。還有一些事情需要被保密。所以他們用數字來表示字母或文字。1 代表 A，2 代表 B，而 26 則代表 Z。

1	2	3	4	5	6	7	8	9	10	11	12	13
A	B	C	D	E	F	G	H	I	J	K	L	M
14	15	16	17	18	19	20	21	22	23	24	25	26
N	O	P	Q	R	S	T	U	V	W	X	Y	Z

吉米寫了一個訊息給艾美。有人可能會讀到這訊息，所以他用他的方式寫：13-5-5-20 13-5 1-20 19-3-8-15-15-12。

這個訊息是，在學校和我見面。

現在，我們有個訊息要給你。你能夠讀出來嗎？

2-5 1 7-15-15-4 19-20-21-4-5-14-20

---

* secret〔ˈsikrɪt〕*adj.* 祕密的；保密的　　number〔ˈnʌmbɚ〕*n.* 數字
a long time ago 很久以前　　write〔raɪt〕*v.* 寫（字）
found〔faʊnd〕*v.* 找到【find 的過去式】　　way〔we〕*n.* 方法；方式
tell〔tɛl〕*v.* 告訴；傳達　　news〔njuz〕*n.* 新聞；消息
built〔bɪlt〕*v.* 建造；生（火）【build 的過去式】　　***build a fire*** 生火
happen〔ˈhæpən〕*v.* 發生　　smoke〔smok〕*n.* 煙
message〔ˈmɛsɪdʒ〕*n.* 訊息　　faraway〔ˈfɑrəˈwe〕*adj.* 遙遠的
place〔ples〕*n.* 地方　　understand〔ʌndɚˈstænd〕*v.* 了解
then〔ðɛn〕*adv.* 然後　　learn〔lɝn〕*v.* 學習；學會
still〔stɪl〕*adv.* 還；仍然　　***keep** sth. **secret*** 把某事保密
use〔juz〕*v.* 使用　　mean〔min〕*v.* 意指；表示
letter〔ˈlɛtɚ〕*n.* 字母　　word〔wɝd〕*n.* 文字

Jimmy〔ˈdʒɪmɪ〕*n.* 吉米　　written〔ˈrɪtn̩〕*v.* 寫【write 的過去分詞】
(*in*) *one's way* 用某人的方式　　meet〔mit〕*v.* 和～見面

23. (**C**)　哪一組數字能拼成 "happy" ？

A. 8-1-18-18-9。

B. 8-1-20-20-25。

C. <u>8-1-16-16-25</u>。

* set〔sɛt〕*n.* 一套；一組　　spell〔spɛl〕*v.* 拼（字）
happy〔ˈhæpɪ〕*adj.* 高興的

參加小孩的的新年派對

時間：12月31日，晚上七點
地點：快樂孩童之家
　　　（大林路260號）

在快樂孩童之家有一個為小孩舉辦的新年派對。歡迎你們來和他們一起玩。

附註：你有給小孩的書或是玩具嗎？如果你不再需要它們，你可以把你的這些東西送給快樂孩童之家的小孩。請攜帶你的書或是玩具，交給快樂孩童之家的愛心女士，受理時間從早上九點到下午六點，十二月二十八日之前。

---

* join〔dʒɔɪn〕*v.* 參加　　kid〔kɪd〕*n.* 小孩；孩童
New Year 新年　　party〔ˈpɑrtɪ〕*n.* 派對
p.m. 午後；下午（= *post meridiem*）　　*Dec.* 十二月（= *December*）
children〔ˈtʃɪldrən〕*n. pl.* 小孩　　road〔rod〕*n.* 路
welcome〔ˈwɛlkəm〕*adj.* 受歡迎的　　*P.S.* 附註（= *post-script*）
toy〔tɔɪ〕*n.* 玩具　　*not…anymore* 不再…

yours〔jʊrz〕*n.* 你（們）的東西【這裡指 your books or toys】
bring〔brɪŋ〕*v.* 攜帶　　Ms.〔mɪz〕*n.* …女士
a.m. 午前；上午（= *ante meridiem*）

24.（ **C** ）　快樂孩童之家要求什麼東西？

　　A. 玩具。

　　B. 書。

　　C. 以上兩者。

　　* ***ask for*** 要求　　above〔əˈbʌv〕*adj.* 上述的
　　the above 以上的事物

閱讀湯姆的日記，並回答問題。

> 2018 年 3 月 16 日
>
> 　　今天在我回家的路上，我遇到一位美國人。他用英文問了我一些問題。我知道他說的話，但是我很緊張，什麼都說不出來。不過我的朋友，大衛，跟他聊得很愉快。我感到很沮喪。我很努力讀英文，而且英文考試拿到最好的成績。但我就是不會說英文。然而，大衛不擅長考試，但是他會聽英文廣播節目，並有時會打電話進去和電台音樂主持人用英文交談。我覺得我必須多練習說英文。

　* diary〔ˈdaɪərɪ〕*n.* 日記　　answer〔ˈænsɚ〕*v.* 回答
　　question〔ˈkwɛstʃən〕*n.* 問題　　met〔mɛt〕*v.* 遇到【meet 的過去式】
　　on one's way home 在某人回家的路上　　word〔wɝd〕*n.* 字；話語
　　nervous〔ˈnɝvəs〕*adj.* 緊張的　　David〔ˈdevɪd〕*n.* 大衛
　　talk〔tɔlk〕*v.* 講話；交談　　happily〔ˈhæpɪlɪ〕*adv.* 快樂地
　　felt〔fɛlt〕*v.* 覺得【feel 的過去式】　　depressed〔dɪˈprɛst〕*adj.* 沮喪的

hard〔hɑrd〕*adv.* 努力地　　grade〔gred〕*n.* 分數；成績

just〔dʒʌst〕*adv.* 就是　　however〔haʊˈɛvɚ〕*adv.* 然而

be good at 擅長於　　***take a test*** 參加考試

radio〔ˈredɪˌo〕*n.* (無線電) 廣播　　program〔ˈprogræm〕*n.* 節目

call in 打電話到電台 (或電視節目)

DJ (電台) 音樂節目主持人 (= *disc jockey*)

in English 用英文　　practice〔ˈpræktɪs〕*v.* 練習

25. (**B**) 湯姆爲何感到沮喪？

　　A. 他不如大衛擅長數學。

　　B. 他英文說得不如大衛好。

　　C. 他考試不如大衛好。

　　* math〔mæθ〕*n.* 數學

　* great〔gret〕*adj.* 很棒的　　news〔njuz〕*n.* 消息

fruit〔frut〕*n.* 水果　　***on sale*** 特價中；拍賣中
weekend〔'wik'ɛnd〕*n.* 週末　　hamburger〔'hæmbɝɡɚ〕*n.* 漢堡
free〔fri〕*adj.* 免費的　　***buy one and get one free*** 買一送一
price〔praɪs〕*n.* 價格　　***sale price*** 特價
orange〔'ɔrɪndʒ〕*n.* 柳橙　　***open hours*** 營業時間

26. (**A**)　吉娜想要兩個漢堡。她需要付多少錢？

   A. 60元。

   B. 80元。

   C. 120元。

   * Gina〔'dʒinə〕*n.* 吉娜　　pay〔pe〕*v.* 支付

奶奶的糖餅乾食譜

你需要的東西
● 一杯糖
● 兩杯麵粉
● 兩茶匙的小蘇打
● 兩顆蛋
● 二分之一杯的牛奶
首先，在碗裡混合糖、麵粉，和小蘇打。在另一個碗，混合蛋和牛奶。然後，把這兩碗慢慢地混在一起。把麵糰揉成星星的形狀。用攝氏 180 度烤 25 分鐘。

* recipe〔'rɛsəpɪ〕*n.* 烹飪法；食譜　　granny〔'grænɪ〕*n.* 奶奶；外婆
  sugar〔'ʃugɚ〕*n.* 糖　　cookie〔'kukɪ〕*n.* 餅乾
  c. 杯；量杯（= *cup* = *metric*〔'mɛtrɪk〕*cup* ）【一量杯為 250 毫升（ml）】
  flour〔flaʊr〕*n.* 麵粉　　***tsp.*** 茶匙（= *teaspoon*〔'ti,spun〕）
  baking〔'bekɪŋ〕*adj.* 烘焙的　　soda〔'sodə〕*n.* 蘇打
  baking soda 小蘇打　　egg〔ɛg〕*n.* 蛋
  milk〔mɪlk〕*n.* 牛奶　　mix〔mɪks〕*v.* 使混合

bowl〔bol〕*n.* 碗　　slowly〔'slolɪ〕*adv.* 慢慢地

shape〔ʃep〕*v.* 將…塑造成 < *into* >　*n.* 形狀

dough〔do〕*n.* 麵糰　　star〔stɑr〕*n.* 星星　　bake〔bek〕*v.* 烤

°*C* 攝氏～度 (= *Celsius*〔'sɛlsɪəs〕*degree*〔dɪ'gri〕)

minute〔'mɪnɪt〕*n.* 分鐘

27. (**C**) 奶奶的糖餅乾食譜需要多少鹽？

　　A. 一杯。

　　B. 兩茶匙。

　　C. 沒有。

　　* salt〔sɔlt〕*n.* 鹽　　***call for*** 需要　　none〔nʌn〕*pron.* 一點也沒有

　　　嗨，我是吉姆。你看！這是我的臥室。它不是很大，但卻很乾淨。我的書桌在窗戶旁邊。那裡的光線很充足。書桌上有一台筆記型電腦。我可以用它上網。有時候我也會用它玩電腦遊戲。我的床在門旁邊。我的寵物貓，喵喵，喜歡在上面睡覺。我房間裡面沒有電視，也沒有電話。我父母要我用功讀書，將來有一天當個醫生。

---

　　* Jim〔dʒɪm〕*n.* 吉姆　　***Look!*** 你瞧！；你看！

　　bedroom〔'bɛd,rum〕*n.* 臥室　　clean〔klin〕*adj.* 乾淨的

　　desk〔dɛsk〕*n.* 書桌　　near〔nɪr〕*prep.* 在…附近

　　window〔'wɪndo〕*n.* 窗戶　　light〔laɪt〕*n.* 光；光線

　　notebook〔'not,bʊk〕*n.* 筆記型電腦　　surf〔sɝf〕*v.* 瀏覽

　　Net〔nɛt〕*n.* 網際網路　　computer〔kəm'pjutɚ〕*n.* 電腦

　　next to 在…的旁邊　　door〔dor〕*n.* 門

　　pet〔pɛt〕*n.* 寵物　*adj.* 作為寵物的　　meow〔mɪ'aʊ〕*n.* (貓叫聲) 喵

　　sleep〔slip〕*v.* 睡覺　　telephone〔'tɛlə,fon〕*n.* 電話

　　either〔'iðɚ〕*adv.* 也 (不)　　parents〔'pɛrənts〕*n. pl.* 父母

　　study hard 用功讀書　　***one day*** (將來) 有一天

28.(**C**) 哪張圖片是吉姆的臥室？

A. 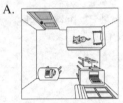　　　B.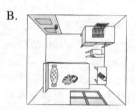

C.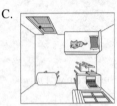

* picture〔'pɪktʃə〕*n.* 圖片

大狗快樂巴士假期

每人台幣四千元

每星期二至星期五

※ 在台北市立動物園看無尾熊。

※ 在最大的購物中心購物——太棒了！

※ 在五星級皇家飯店享受兩晚的住宿。

第一天：上午八點離開高雄。

　　　　— 在台南吃午餐

　　　　— 在台中買好吃的太陽餅

　　　　— 晚上九點抵達台北

第二天：遊覽台北市立動物園和陽明山國家公園。

第三天：在整個市區購物。

* vacation〔ve'keʃən〕*n.* 假期

　NT$ 新台幣（= *New Taiwan Dollar*）

　koala〔ko'ɑlə〕*n.* 無尾熊　　zoo〔zu〕*n.* 動物園

　Taipei City Zoo 台北市立動物園　　shop〔ʃɑp〕*v.* 購物

　mall〔mɔl〕*n.* 購物中心　　*shopping mall* 購物中心

　5-star *adj.* 五星級的　　royal〔'rɔɪəl〕*adj.* 皇家的

　hotel〔ho'tɛl〕*n.* 飯店　　have〔hæv〕*v.* 吃

　lunch〔lʌntʃ〕*n.* 午餐　　buy〔baɪ〕*v.* 買

　delicious〔dɪ'lɪʃəs〕*adj.* 好吃的；美味的

　cake〔kek〕*n.* 蛋糕；餅　　*sun cake* 太陽餅

　get to 到達　　visit〔'vɪzɪt〕*v.* 探訪；遊覽

　national〔'næʃənḷ〕*n.* 國家的　　park〔pɑrk〕*n.* 公園

　Yangmingshan National Park 陽明山國家公園

　go shopping 去購物　　*all over* 遍及　　city〔'sɪtɪ〕*n.* 城市

29. (**A**)　你會在台北市立動物園看到什麼？

　　A. 無尾熊。

　　B. 太陽餅。

　　C. 最大的購物中心。

親愛的艾倫：

　　今天下午在體育館有一場很棒的籃球賽。我手上有三張
比賽的門票。山姆要跟我一起去看這場比賽。你呢？你也是
籃球迷嗎？和我們一起去吧！我們一起去為那些很棒的球員
加油吧。打電話給我：0931-827-394。

　　　　　　　　　　　　　　　　　　　　　　　　湯姆

親愛的湯姆：

　　是的。我是超級籃球迷。但我今天下午要去艾美的家。今天是她的生日，我們要去看電影。我現在在圖書館。這裡沒有公共電話，所以我無法打電話給你。打電話給艾美，請她去看球賽。或許你、山姆、艾美，和我可以一起去。

艾倫

* Allen〔ˋælən〕n. 艾倫　　basketball〔ˋbæskɪt͵bɔl〕n. 籃球
  game〔gem〕n. 比賽　　gym〔dʒɪm〕n. 體育館
  pocket〔ˋpɑkɪt〕n. 口袋
  in one's *pocket* 在某人的口袋；某人手頭上有（= *in* one's *possession*）
  ticket〔ˋtɪkɪt〕n. 門票　　*ticket to the game* 比賽的門票
  Sam〔sæm〕n. 山姆　　*How about you?* 你呢？
  fan〔fæn〕n. 迷　　*Let's ~* 我們一起～吧
  cheer〔tʃɪr〕v. 對…歡呼；為…加油
  player〔ˋpleə〕n. 球員　　call〔kɔl〕v. 打電話給（某人）
  birthday〔ˋbɝθ͵de〕n. 生日　　*go to a movie* 去看電影
  library〔ˋlaɪ͵brɛrɪ〕n. 圖書館　　*pay phone* （投幣式）公共電話
  ask〔æsk〕v. 要求；邀請　　maybe〔ˋmebɪ〕adv. 或許；可能

30. (**B**) 艾倫建議什麼？

　　A. 賣門票。

　　B. 一群人一起去看比賽。

　　C. 在電視上看比賽。

* suggest〔səgˋdʒɛst〕v. 建議　　sell〔sɛl〕v. 賣
  group〔grup〕n. 群；團體

TEST 2 詳解

閱讀：是非題

1. (**Y**) 史密斯先生正穿著短褲。
2. (**Y**) 史密斯先生現在六十六歲。

> * Mr. 〔'mɪstə 〕 *n.* …先生　　Smith 〔 smɪθ 〕 *n.* 史密斯
> wear 〔 wɛr 〕 *v.* 穿　　shorts 〔 ʃɔrts 〕 *n. pl.* 短褲

3. (**Y**) 老太太正坐在長椅上。
4. (**N**) 年輕的女孩正坐在長椅上。

> * sit 〔 sɪt 〕 *v.* 坐　　bench 〔 bɛntʃ 〕 *n.* 長椅

5. (**N**) 茱蒂聖誕節想要一台新的腳踏車。

6. (**N**) 茱蒂正戴著一頂帽子。

> * Judy〔ˋdʒudɪ〕 *n.* 茱蒂　　***would like*** 想要
> new〔nju〕 *adj.* 新的　　bicycle〔ˋbaɪˏsɪkḷ〕 *n.* 腳踏車
> Christmas〔ˋkrɪsməs〕 *n.* 聖誕節　　hat〔hæt〕 *n.* 帽子

7. (**Y**) 男孩有一顆球。

8. (**Y**) 男孩有一個填充動物玩偶。

> * ball〔bɔl〕 *n.* 球　　stuffed〔stʌft〕 *adj.* 填塞的
> animal〔ˋænəmḷ〕 *n.* 動物
> ***stuffed animal*** 填充動物玩偶

9. (**Y**) 男士在讀中文。

10. (**Y**) 女士是捲髮。

　　　　* study〔'stʌdɪ〕*v.* 研讀　　Chinese〔tʃaɪ'niz〕*n.* 中文
　　　　　curly〔'kɝlɪ〕*adj.* 捲的　　hair〔hɛr〕*n.* 頭髮

11. (**N**) 男孩在看電視。

12. (**Y**) 男士在男孩前面。

　　　　* television〔'tɛlə,vɪʒən〕*n.* 電視　　*in front of* 在…前面

13. (**N**) 他們正在搭公車。

14. (**Y**) 他們坐在長沙發上。

  * ride〔raɪd〕*v.* 搭乘 bus〔bʌs〕*n.* 公車

   be seated 坐 (= *sit*) couch〔kaʊtʃ〕*n.* 長沙發

15. (**Y**) 張先生是醫生。

16. (**Y**) 張太太是老師。

  * doctor〔'dɑktɚ〕*n.* 醫生 Mrs.〔'mɪsɪz〕*n.* …太太

   teacher〔'titʃɚ〕*n.* 老師

米妮的爸爸　　　　林米妮

17. (**N**)　米妮的爸爸是個歌手。

18. (**Y**)　米妮生於 1994 年。

　　　　* singer〔ˈsɪŋɚ〕 *n.* 歌手　　***be born in*** 出生於

蒂娜

19. (**Y**)　蒂娜正在解一題數學題。

20. (**N**)　蒂娜戴著眼鏡。

　　　　* ***work on*** 從事；致力於　　math〔mæθ〕 *n.* 數學
　　　　problem〔ˈprɑbləm〕 *n.* 問題
　　　　glasses〔ˈglæsɪz〕 *n. pl.* 眼鏡

閱讀：選擇題

祝你有個美好的旅程！

泰國	紐西蘭（七天）
住高級的皇家大飯店	＊農場遊覽
— 三天兩夜	＊高空彈跳
— 身體按摩	＊乘船旅行
— 烹飪課	九月
— 八月一日至三十一日	只要新台幣五萬元（一人）
（每週日）	
— 新台幣兩萬元	
搭遊輪遊歐洲	**印度（六天）**
七月十五日至三十一日，七天	— 寺廟遊覽
新台幣二十萬元	— 乘騎大象
兩人	特低價：
	新台幣三萬兩千元
	日期：八月二十日至二十六日

＊ trip〔trɪp〕*n.* 旅行　　Thailand〔ˈtaɪlənd〕*n.* 泰國
nice〔naɪs〕*adj.* 很好的　　stay〔ste〕*n.* 停留；暫住
grand〔grænd〕*adj.* 雄偉的；豪華的　　hotel〔hoˈtɛl〕*n.* 飯店；旅館
body〔ˈbɑdɪ〕*n.* 身體　　massage〔məˈsɑʒ〕*n.* 按摩
class〔klæs〕*n.* 課程　　***cooking class*** 烹飪課
NT$ 新台幣（＝*New Taiwan Dollar*）
cruise〔kruz〕*v.* 航行於；巡航於　　Europe〔ˈjʊrəp〕*n.* 歐洲
New Zealand〔nuˈzilənd〕*n.* 紐西蘭　　farm〔fɑrm〕*n.* 農場
visit〔ˈvɪzɪt〕*v.* 探訪；遊覽
bungee jumping〔ˈbʌndʒi ˈdʒʌmpɪŋ〕*n.* 高空彈跳　　boat〔bot〕*n.* 船
person〔ˈpɝsn̩〕*n.* 人　　India〔ˈɪndɪə〕*n.* 印度
temple〔ˈtɛmpl̩〕*n.* 寺廟　　elephant〔ˈɛləfənt〕*n.* 大象

special〔'spɛʃəl〕adj. 特別的　　low〔lo〕adj. 低的
price〔praɪs〕n. 價格　　date〔det〕n. 日期

21. (**C**) 奧斯卡想要騎大象。他應該去哪裡？

  A. 紐西蘭。

  B. 歐洲。

  C. 印度。

  * Oscar〔'ɔskɚ〕n. 奧斯卡

   天黑了。馬克和貝絲在家。他們的爸爸和媽媽還在
學校。馬克非常餓，貝絲也是。他們想要去吃點東西。
你看！廚房桌子上有兩個大蛋糕。
一個是要給馬克，另一個則是要給
貝絲的。蛋糕很好吃。馬克希望他
每天都可以吃一個。

---

  * dark〔dɑrk〕adj. 暗的；黑暗的　　Mark〔mɑrk〕n. 馬克
  Beth〔bɛθ〕n. 貝絲　　still〔stɪl〕adv. 仍然
  hungry〔'hʌŋgrɪ〕adj. 飢餓的　　*Look!* 你看！
  cake〔kek〕n. 蛋糕　　kitchen〔'kɪtʃɪn〕n. 廚房
  table〔'tebḷ〕n. 桌子　　yummy〔'jʌmɪ〕adj. 好吃的 (= *delicious*)
  hope〔hop〕v. 希望　　*every day* 每天

22. (**C**) 關於馬克和貝絲何者為真？

  A. 他們還在學校。

  B. 他們和父母在家。

  C. 他們覺得很餓。

  * true〔tru〕adj. 真的；正確的　　parents〔'pɛrənts〕n. pl. 父母

我是吉米。我在小學就讀。你看這些照片。他們是我的家人。這是我祖父。他住在農場。我父母是廚師。他們有一間餐廳。這是我叔叔。他很酷。他是消防員。我姊姊在醫院上班,而我哥哥在工廠工作。你看!他正拿著一個機器人。

* Jimmy (ˈdʒɪmɪ) *n.* 吉米
elementary (ˌɛləˈmɛntərɪ) *adv.* 基本的;初步的
elementary school 小學 (= *primary school*)
look at 看　　photo (ˈfoto) *n.* 照片
family (ˈfæməlɪ) *n.* 家庭　　grandpa (ˈgrænpɑ) *n.* 祖父;外公
live (lɪv) *v.* 居住　　farm (fɑrm) *n.* 農場
cook (kʊk) *n.* 廚師　　restaurant (ˈrɛstərənt) *n.* 餐廳
uncle (ˈʌŋkl̩) *n.* 叔叔;舅舅　　cool (kul) *adj.* 酷的
firefighter (ˈfaɪrˌfaɪtə) *n.* 消防員 (= *fireman*)
work (wɜk) *v.* 工作　　hospital (ˈhɑspɪtl̩) *n.* 醫院
factory (ˈfæktərɪ) *n.* 工廠　　hold (hold) *v.* 拿著;握著
robot (ˈrobɑt) *n.* 機器人

23. (**C**) 關於吉米的叔叔何者為真？

　　 A. 他住在農場。

　　 B. 他有一間餐廳。

　　 C. 他是消防員。

　　 * own〔on〕v. 擁有

　　　　布萊恩來自美國，但是他現在在台灣居住和讀書。聖誕節是他最喜愛的節日，但是關於中國農曆新年他知道的並不多。

　　　　今天是二月二日。兩週後就是中國農曆新年。布萊恩的好朋友，喬治，將會邀請布萊恩到他家過新年。在除夕夜，喬治的家人將會吃一頓豐盛的晚餐。他們會吃雞肉、魚、水餃，和很多其他好吃的菜餚。晚餐後，他們會看電視、泡一些茶，和談論更多關於中國農曆新年的習俗。喬治的父母也會給布萊恩一個紅包，裡面有台幣三千六百元。這將會是布萊恩第一次拿到「壓歲錢」。

---

* Brian〔'braɪən〕n. 布萊恩　　　***the U.S.A.*** 美國（= *the U.S.*）
favorite〔'fevərɪt〕*adj.* 最喜愛的　　holiday〔'halə,de〕n. 節日
Chinese New Year 中國農曆新年
two weeks away 相隔兩週；兩週後　　friend〔frɛnd〕n. 朋友
George〔dʒɔrdʒ〕n. 喬治　　invite〔ɪn'vaɪt〕v. 邀請
eve〔iv〕n. 前夕　　***Chinese New Year's Eve*** 除夕（夜）
have〔hæv〕v. 吃　　dinner〔'dɪnə〕n. 晚餐
chicken〔'tʃɪkən〕n. 雞肉　　fish〔fɪʃ〕n. 魚

dumpling〔ˈdʌmplɪŋ〕*n.* 水餃
delicious〔dɪˈlɪʃəs〕*adj.* 好吃的；美味的　　dish〔dɪʃ〕*n.* 菜餚
talk about 談論　　custom〔ˈkʌstəm〕*n.* 習俗
envelope〔ˈɛnvəˌlop〕*n.* 信封　***red envelope*** 紅包
inside〔ˈɪnˈsaɪd〕*adv.* 在裡面　***first time*** 第一次
lucky〔ˈlʌkɪ〕*adj.* 幸運的　***lucky money*** 壓歲錢

24.(**C**) 布萊恩會在哪裡度過中國農曆新年？

　　　A. 和他的家人在美國。

　　　B. 和他的同班同學在台中。

　　　C. <u>和喬治的家人在台南。</u>

　　* spend〔spend〕*v.* 度過　　family〔ˈfæməlɪ〕*n.* 家人
　　　classmate〔ˈklæsˌmet〕*n.* 同班同學

　　放學後，我喜歡和朋友一起去公園。我喜歡和彼得、麥克，以及凱文一起打籃球。喬和傑克喜歡放風箏。提姆喜歡爬樹。杰喜歡在樹下閱讀。我通常會和朋友在公園玩得很愉快。

* *after school* 放學後　　park〔pɑrk〕*n.* 公園

　　basketball〔'bæskɪt,bɔl〕*n.* 籃球　　Peter〔'pitɚ〕*n.* 彼得

　　Mike〔maɪk〕*n.* 麥克　　Kevin〔'kɛvɪn〕*n.* 凱文

　　Joe〔dʒo〕*n.* 喬　　kite〔kaɪt〕*n.* 風箏

　　fly a kite 放風箏　　Tim〔tɪm〕*n.* 提姆

　　climb〔klaɪm〕*v.* 爬　　Jay〔dʒe〕*n.* 杰

　　read〔rid〕*v.* 閱讀　　usually〔'juʒʊəlɪ〕*v.* 通常

　　have a good time 玩得愉快

25. (**A**)　誰喜歡在樹下閱讀？

　　A. 杰。

　　B. 喬。

　　C. 傑克。

在家購物

「什麼？是母親節？喔，我最近很忙。我沒有時間買禮物給我母親！」

「喔！我忘了今天是瑪麗的生日！我該怎麼辦？店都關了！」

　　你曾經有過這些問題嗎？別擔心。現在你有「最後一刻」。在www.lastmoment5.com上為您準備好了超過三千種禮物。如果你在電腦上購買，我們將「當天」或「隔天」就寄送到府！

www.lastmoment5.com

* shop〔ʃɑp〕*v.* 購物　　what〔wɑt〕*interj.* （表示驚訝、憤怒等）什麼！

　　Mother's Day 母親節　　busy〔'bɪzɪ〕*adj.* 忙碌的

these days 最近　　bought〔bɔt〕*v.* 買【buy 的過去分詞】
present〔'prɛznt〕*n.* 禮物　　oh〔o〕*interj.*（表示驚訝、恐懼等）喔
forgot〔fɚ'gɑt〕*v.* 忘記【forget 的過去式】　　store〔stor〕*n.* 商店
closed〔klozd〕*adj.* 關閉的；停止營業的　　worry〔'wɝɪ〕*v.* 擔心
last〔læst〕*adj.* 最後的　　moment〔'momənt〕*n.* 瞬間；時刻
ready〔'rɛdɪ〕*adj.* 準備好的　　send〔sɛnd〕*v.* 送；寄
same〔sem〕*adj.* 相同的；同一的　　***the next day*** 隔天

26.（ **A** ）「最後一刻」是什麼？

　　A. 一個網路購物服務。

　　B. 一家電腦維修公司。

　　C. 一家策劃派對的公司。

　　* online〔'ɑn,laɪn〕*adj.* 線上的；網路的　　service〔'sɝvɪs〕*n.* 服務
　　repair〔rɪ'pɛr〕*n.* 修理　　shop〔ʃɑp〕*n.* 商店
　　party〔'pɑrtɪ〕*n.* 派對　　plan〔plæn〕*v.* 計畫；策劃
　　company〔'kʌmpənɪ〕*n.* 公司

趣事週刊

第 100 期　　　　　　　六月十日

* fun〔fʌn〕*adj.* 有趣的　　weekly〔ˈwiklɪ〕*adj.* 每週的
magazine〔ˌmægəˈzin〕*n.* 雜誌
issue〔ˈɪʃʊ〕*n.* 發行；（雜誌等）…期
comics〔ˈkɑmɪks〕*n. pl.* 漫畫　　cover〔ˈkʌvɚ〕*n.* 封面
Superman〔ˈsupɚˌmæn〕*n.*（電影）超人
ice cream〔ˈaɪs ˈkrim〕*n.* 冰淇淋　　star〔stɑr〕*n.* 明星
island〔ˈaɪlənd〕*n.* 島　　***Green Island*** 綠島
test〔tɛst〕*v.* 測試
IQ 智商（= *Intelligence*〔ɪnˈtɛlədʒəns〕*Quotient*〔ˈkwoʃənt〕）
hello〔hɛˈlo〕*interj.* 哈囉　　Dr.〔ˈdɑktɚ〕*n.* 博士（= *Doctor*）
question〔ˈkwɛstʃən〕*n.* 問題

27. (**B**)　艾文想要讀關於籃球的內容。他應該翻到哪一頁？

A. 第 12 頁。

B. <u>第 14 頁。</u>

C. 第 26 頁。

* Ivan〔ˈaɪvən〕*n.* 艾文　　page〔pedʒ〕*n.* 頁
turn〔tɝn〕*v.* 翻（頁）

這裡是四個頻道的晚間電視節目		
電 視 頻 道	時　　間	節　　　　　目
	6:30	新聞和天氣
第 12 台	7:00	美國職業籃球聯賽
	8:00	音樂電視時間
	6:00	電影：花木蘭
第 23 台	8:00	電影：狗的故事
	9:30	電影：阿凡達

	6:00	瑪莎廚房
第 36 台	7:00	我們一起去香港吧
	8:00	野生動物
	6:30	本週新聞
第 60 台	7:30	世界新聞
	8:00	台灣新聞

* evening〔'ivnɪŋ〕*adj.* 傍晚的;晚上的
program〔'progræm〕*n.* 節目　　channel〔'tʃænḷ〕*n.* 頻道
news〔njuz〕*n.* 新聞　　weather〔'wɛðɚ〕*n.* 天氣
NBA 美國職業籃球聯賽 (= *National Basketball Association*)
show〔ʃo〕*n.* 表演;節目　　***MTV*** 音樂電視 (= *Music Television*)
movie〔'muvɪ〕*n.* 電影　　Mulan〔'mulɑn〕*n.* (電影) 花木蘭【敘述
　主角花木蘭代父從軍的故事】
story〔'storɪ〕*n.* 故事
Avatar〔'ævə'tɑr〕*n.* (電影) 阿凡達【avatar 本意為「化身」】
Martha〔'mɑrθə〕*n.* 瑪莎　　***Let's*** ~　我們一起~吧
Hong Kong〔'hɑŋ 'kɑŋ〕*n.* 香港　　wild〔waɪld〕*adj.* 野生的
world〔wɝld〕*adj.* (全) 世界的

28. (**C**)　哪個頻道播放新聞節目?

　　A. 只有第 36 台。

　　B. 第 23 和 36 台。

　　C. 第 12 和 60 台。

　　* feature〔'fitʃɚ〕*v.* 以…為特色;放映

奶奶昨天非常忙碌。她早上六點半起床,然後和她的孫子們吃早餐。吃完早餐後,奶奶帶他們去學校。然後她教授鋼琴課。下午一點,她午餐吃了一些飯和雞肉。午餐後,她去超級市場買了一些蔬菜和水果。

但是在超級市場裡,她看到一個小偷在偷東西。她抓到他,並且報警。然後,奶奶就回家煮晚餐。

* grandma〔'grænmɑ〕*n.* 祖母;奶奶　　busy〔'bɪzɪ〕*adj.* 忙碌的
get up 起床　　have〔hæv〕*v.* 吃
breakfast〔'brɛkfəst〕*n.* 早餐
grandchildren〔'græntʃɪldrən〕*n.pl.* 孫子【單數是 grandchild】
then〔ðɛn〕*adv.* 然後　　taught〔tɔt〕*v.* 教【teach 的過去式】
piano〔pɪ'æno〕*n.* 鋼琴　　lesson〔'lɛsṇ〕*n.* 課程
rice〔raɪs〕*n.* 飯　　chicken〔'tʃɪkən〕*n.* 雞肉
lunch〔lʌntʃ〕*n.* 午餐　　***p.m.*** 午後;下午（= *post meridiem*）
supermarket〔'supɚ͵mɑrkɪt〕*n.* 超級市場
vegetable〔'vɛdʒətəbḷ〕*n.* 蔬菜　　fruit〔frut〕*n.* 水果
thief〔θif〕*n.* 小偷　　steal〔stil〕*v.* 偷
caught〔kɔt〕*v.* 抓到【catch 的過去式】
police〔pə'lis〕*n.* 警察;警方　　***call the police*** 報警
cook〔kʊk〕*v.* 烹飪;煮

29.(**C**) 奶奶昨天「沒有」做什麼?

　　A. 抓小偷。

　　B. 教授鋼琴。

　　C. 看電影。

　　* ***see a movie*** 看電影

噪音可能會傷害我們的聽力。通常,我們在十二或十三歲時聽力最好。隨著我們年紀變大,我們的聽力就沒那麼好了。我們失去了多少聽力?這取決於我們周圍的噪音。舉例來說,人們長時間在吵鬧的工廠或是夜店工作,他們就會失去一些聽力。地下鐵和摩托車是其他大型的噪音製造者。然而,一架超音速的飛機製造的噪音,比任何其他噪音製造者還大。我們的確活在一個充滿噪音的世界。

* noise〔nɔɪz〕 n. 噪音　　hurt〔hɝt〕 v. 傷害
hearing〔'hɪrɪŋ〕 n. 聽力　　usually〔'juʒʊəlɪ〕 adv. 通常
get〔gɛt〕 v. 變得　　as〔æz〕 adv. 一樣地;同樣地
lose〔luz〕 v. 喪失;失去　　**be up to** 取決於
around〔ə'raʊnd〕 prep. 在…的周圍　　**for example** 例如;舉例來說
noisy〔'nɔɪzɪ〕 adj. 吵鬧的　　factory〔'fæktərɪ〕 n. 工廠
club〔klʌb〕 n. 俱樂部　　**night club** 夜店;夜總會
subway〔'sʌb,we〕 n. 地下鐵　　motorcycle〔'motɚ,saɪkl〕 n. 摩托車
maker〔'mekɚ〕 n. 製造者　　however〔haʊ'ɛvɚ〕 adv. 然而
supersonic〔,supɚ'sɑnɪk〕 adj. 超音速的
plane〔plen〕 n. 飛機 (= *airplane*)　　really〔'riəlɪ〕 adv. 的確
world〔wɝld〕 n. 世界　　**full of** 充滿…的

30. (**B**) 誰最有可能有聽力損失?

　　A. 在圖書館工作的人。

　　B. 在工廠工作的人。

　　C. 住在農場的人。

　　* likely〔'laɪklɪ〕 adj. 可能的　　loss〔lɔs〕 n. 損失
　　　library〔'laɪ,brɛrɪ〕 n. 圖書館　　farm〔fɑrm〕 n. 農場

TEST 3 詳解

閱讀：是非題

1.(**Y**)　書桌上有一部電話。
2.(**Y**)　書桌上有一個時鐘。

　　　　* ***there + be*** 有～　　　telephone〔'tɛləˌfon〕*v.* 電話
　　　　desk〔dɛsk〕*n.* 書桌　　　clock〔klɑk〕*n.* 時鐘

3.(**N**)　男孩們正騎著腳踏車。
4.(**Y**)　每個男孩都帶著一顆球。

　　　　* ride〔raɪd〕*v.* 騎　　bicycle〔'baɪˌsɪkḷ〕*n.* 腳踏車
　　　　carry〔'kærɪ〕*v.* 攜帶　　ball〔bɔl〕*n.* 球

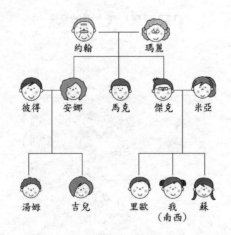

5. (**N**) 約翰和瑪麗有五個小孩。

6. (**Y**) 米亞是蘇的母親。

> * children〔'tʃɪldrən〕*n. pl.* 小孩【單數是 child】
> Mia〔'miə〕*n.* 米亞　　Sue〔su〕*n.* 蘇

7. (**N**) 凱特正在拍一些建築物的照片。

8. (**Y**) 港口有一些船。

> * Kate〔ket〕*n.* 凱特　　***take a picture*** 拍照
> building〔'bɪldɪŋ〕*n.* 建築物　　boat〔bot〕*n.* 船
> harbor〔'hɑrbɚ〕*n.* 港口

9. (**Y**) 吉米愛他的寵物。

10. (**N**) 吉米正在照顧他的魚。

* Jimmy〔'dʒɪmɪ〕*n.* 吉米　　pet〔pɛt〕*n.* 寵物
take care of 照顧　　fish〔fɪʃ〕*n.* 魚

103班有18位男孩和14位女孩。以下的表讓我們看到他們放學後喜歡做什麼活動。

活　動	男孩	女孩
打籃球	12	9
打電玩	13	13
和朋友線上聊天	9	12
看電視	12	10
聽音樂	8	10
騎腳踏車	4	4

11. (**N**) 聽音樂是男孩中最受歡迎的活動。

12. (**Y**) 男孩和女孩都喜歡打電玩。

* class〔klæs〕*n.* 班級　　following〔'fɑloɪŋ〕*adj.* 以下的
table〔'tebḷ〕*n.* 表　　show〔ʃo〕*v.* 顯示；給（人）看
activity〔æk'tɪvətɪ〕*n.* 活動　　***after school*** 放學後
basketball〔'bæskɪt‚bɔl〕*n.* 籃球
video game 電視遊戲；電玩　　chat〔tʃæt〕*v.* 聊天

online〔'ɑn,laɪn〕*adv.* 在線上；在網路上　　listen〔'lɪsṇ〕*v.* 聽 < *to* >
bike〔baɪk〕*n.* 腳踏車　　popular〔'pɑpjələ〕*adj.* 受歡迎的
among〔ə'mʌŋ〕*prep.* 在…之中

航空公司	班機	時間	目的地
中華航空	CI012	08:00	紐約
長榮航空	BR87	23:50	巴黎
中華航空	CI0222	08:45	東京
長榮航空	BR67	09:10	倫敦

13. (**Y**)　前往紐約的班機在八點出發。

14. (**N**)　長榮航空沒有飛往倫敦。

* airline〔'ɛr,laɪn〕*n.* 航空公司　　flight〔flaɪt〕*n.* 班機
destination〔,dɛstə'neʃən〕*n.* 目的地　　***China Airlines*** 中華航空
New York 紐約　　air〔ɛr〕*n.* 空運；航空
Paris〔'pærɪs〕*n.* 巴黎【法國首都】　　***EVA Air*** 長榮航空
Tokyo〔'tokɪ,o〕*n.* 東京【日本首都】
London〔'lʌndən〕*n.* 倫敦【英國首都】　　fly〔flaɪ〕*v.* 飛行；航行

15. (**N**)　有三棵樹。

16. (**N**)　水族館是在中間。

* ***there + be*** 有 ~　　tree〔tri〕*n.* 樹
aquarium〔ə'kwɛrɪəm〕*n.* 水族館
middle〔'mɪdḷ〕*n.* 中間　　***in the middle*** 在中間

	7/04	7/05	7/06	7/07	7/08
	去看電影	打掃家裡	打棒球	鋼琴課	看電視
安　妮	○		○		○
瑪　麗				○	○
法蘭克	○	○	○		○
麥　克		○		○	○

17. (**N**) 麥克和瑪麗會去看電影。

18. (**N**) 安妮會打掃家裡。

　　* movie〔'muvɪ〕*n.* 電影　　***go to a movie*** 去看電影
　　clean〔klin〕*v.* 清理；打掃
　　baseball〔'bes,bɔl〕*n.* 棒球　　piano〔pɪ'æno〕*n.* 鋼琴
　　class〔klæs〕*n.* 課程　　Annie〔'ænɪ〕*n.* 安妮
　　Frank〔fræŋk〕*n.* 法蘭克　　Mike〔maɪk〕*n.* 麥克

19. (**N**) 這些是鳳梨。

20. (**Y**) 這些水果的價錢是七十元。

　　* pineapple〔'paɪn,æpḷ〕*n.* 鳳梨　　fruit〔frut〕*n.* 水果
　　cost〔kɔst〕*v.* 值（多少錢）；價錢為

閱讀：選擇題

嗨，我的名字是吳安迪。我有一個弟弟和兩個妹妹。他們是比爾、莉莎、和莎莉。莉莎是個學生。她喜歡玩電腦遊戲，但是我們家沒有電腦。今年聖誕節，莉莎想要一台電腦。比爾不喜歡電腦。電腦對他來說不容易。他想要一顆新的籃球。他和他的朋友每個週末都會打籃球。我的小妹，莎莉，想要一台腳踏車。我呢？今年，我想要一隻狗。放學後，我可以和牠玩。聖誕節每個人都很高興。

* Andy〔ˈændɪ〕n. 安迪　　Bill〔bɪl〕n. 比爾
Lisa〔ˈlisə〕n. 莉莎　　Sally〔ˈsælɪ〕n. 莎莉
computer〔kəmˈpjutɚ〕n. 電腦　　game〔gem〕n. 遊戲
Christmas〔ˈkrɪsməs〕n. 聖誕節　　easy〔ˈizɪ〕adj. 簡單的；容易的
weekend〔ˈwikˌɛnd〕n. 週末　　bicycle〔ˈbaɪˌsɪkḷ〕n. 腳踏車
What about me? 我呢？　　happy〔ˈhæpɪ〕adj. 高興的

21. (**C**)　莎莉聖誕節想要什麼？

A. 一顆新的籃球。

B. 一隻狗。

C. 一台腳踏車。

你喜愛熊貓嗎？牠們體型大、可愛，而且害羞。兩位新的訪客，團團和圓圓，去年 12 月剛從四川過來。但是記得不要太靠近。有個關於一位男士和一隻熊貓的有趣故事。

這位男子喝了太多酒，獨自去北京動物園。他爬進去對熊貓打招呼。他發現了一隻熊貓，試著要跟牠握手。但是熊貓反而抓住他，翻過他的身體，並開始咬他的腿！那名男士很不高興，並想要咬熊貓的背。

熊貓的管理員看到發生這樣的事，就救出那名男士。幸運的是，男士沒有受傷。幸好他是嘗試要抱熊貓，而不是老虎！

---

* panda〔'pændə〕*n.* 熊貓　　bear〔bɛr〕*n.* 熊

panda bear 熊貓（= *panda*）　　shy〔ʃaɪ〕*adj.* 害羞的

visitor〔'vɪzɪtə〕*n.* 訪客　　just〔dʒʌst〕*adv.* 剛剛

Szu-chuan 四川（省）　　remember〔rɪ'mɛmbə〕*v.* 記得

get〔gɛt〕*v.* 變得　　close〔klos〕*adj.* 接近的

interesting〔'ɪntrɪstɪŋ〕*adj.* 有趣的　　story〔'storɪ〕*n.* 故事

have〔hæv〕*v.* 吃；喝　　wine〔waɪn〕*n.* 酒

alone〔ə'lon〕*adv.* 獨自　　Beijing〔'be'dʒɪŋ〕*n.* 北京

zoo〔zu〕*n.* 動物園　　climb〔klaɪm〕*v.* 爬

said〔sɛd〕*v.* 說【say 的過去式】　　hello〔hə'lo〕*n.* 哈囉

say hello to 向…問好　　found〔faʊnd〕*v.* 發現【find 的過去式】

try〔traɪ〕*v.* 嘗試　　shake〔ʃek〕*v.* 搖動

shake one's hand 和某人握手（= *shake hands with sb.*）

hand〔hænd〕*n.* 手　　instead〔ɪn'stɛd〕*adv.* 反而

took〔tʊk〕*v.* 抓住【take 的過去式】

turn over 使翻轉；使翻身　　start〔stɑrt〕*v.* 開始

bite〔baɪt〕*v.* 咬　　leg〔lɛg〕*n.* 腿

back〔bæk〕*n.* 背；背部　　keeper〔'kipə〕*n.* 管理員

saw〔sɔ〕*v.* 看見【see 的過去式】　　happen〔'hæpən〕*v.* 發生

get sb. out 救某人出來（= *help sb. escape from a place*）

luckily〔'lʌkɪlɪ〕*adv.* 幸運地　　hurt〔hɝt〕*adj.* 受傷的

It is a good thing… …是一件好事；…是幸運的

hug〔hʌg〕*v.* 擁抱　　tiger〔'taɪgə〕*n.* 老虎

22. (**A**) 為何男士嘗試要和熊貓打招呼？

　　A. 他喝醉了。

　　B. 他很害怕。

　　C. 他來自四川。

　　* greet〔grit〕*v.* 向…問候；對…打招呼　　drunk〔drʌŋk〕*adj.* 酒醉的

　　* coffee〔ˈkɔfɪ〕*n.* 咖啡

　　latte〔ˈlate〕*n.* 拿鐵咖啡（ = *strong coffee with hot milk* ）

　　cappuccino〔ˌkæpəˈtʃino〕*n.* 卡布奇諾【加熱牛奶，有時上面灑巧克力粉】

　　coffee frio 咖啡冰沙【*frio* 為西班牙文，意為「冷」】

　　American〔əˈmɛrɪkən〕*adj.* 美國的　　medium〔ˈmidɪəm〕*adj.* 中等的

　　large〔lɑrdʒ〕*adj.* 大的　　hot〔hɑt〕*adj.* 熱的　　iced〔aɪst〕*adj.* 冰的

tea〔ti〕*n.* 茶　　jessamine〔'dʒæsəmɪn〕*n.* 茉莉（= *jasmine*）
black tea 紅茶　　***green tea*** 綠茶　　***fruit tea*** 水果茶
cake〔kek〕*n.* 蛋糕　　strawberry〔'strɔ,bɛrɪ〕*n.* 草莓
chocolate〔'tʃɔkəlɪt〕*n.* 巧克力　　breakfast〔'brɛkfəst〕*n.* 早餐
chicken〔'tʃɪkən〕*n.* 雞肉　　sandwich〔'sændwɪtʃ〕*n.* 三明治
pork〔pork〕*n.* 豬肉　　burger〔'bɝgɚ〕*n.* 漢堡
vegetable〔'vɛdʒətəbḷ〕*n.* 蔬菜　　steamed〔stimd〕*adj.* 蒸的
meal〔mil〕*n.* 一餐；餐點　　hamburger〔'hæmbɝgɚ〕*n.* 漢堡
special〔'spɛʃəl〕*n.* 特色菜　　steak〔stek〕*n.* 牛排
fish〔fɪʃ〕*n.* 魚；魚肉　　soup〔sup〕*n.* 湯　　onion〔'ʌnjən〕*n.* 洋蔥
tomato〔tə'meto〕*n.* 蕃茄　　pay〔pe〕*v.* 付（錢）
serve〔sɝv〕*v.* 供應　　***a.m.*** 午前；上午（= *ante meridiem*）

23.(**C**)　湯瑪斯吃了一份牛排餐和一杯洋蔥湯。他付了多少錢？

　　A. $210。

　　B. $220。

　　C. $230。

　　* Thomas〔'tɑməs〕*n.* 湯瑪斯　　have〔hæv〕*v.* 吃
　　　cup〔kʌp〕*n.* 杯

珊蒂：彼得，晚餐好了嗎？
彼得：等一下。

珊蒂：好的。麥可在廚房嗎？
彼得：不，牠不在。或許牠在客廳。

珊蒂：不，牠不在。我在這裡看電視。牠不在這裡。
彼得：或許牠在爸爸的房間。

　　（喵…喵…）

珊蒂：嘿，你在這呀。彼得，牠在沙發底下。難怪我看不到牠。

* Sandy〔ˋsændɪ〕n. 珊蒂　　Peter〔ˋpitɚ〕n. 彼得
dinner〔ˋdɪnɚ〕n. 晚餐　　ready〔ˋrɛdɪ〕adj. 準備好的
minute〔ˋmɪnɪt〕n. 分鐘　　*Just a minute.* 稍等；等一下。
Mike〔maɪk〕n. 麥可　　kitchen〔ˋkɪtʃɪn〕n. 廚房
maybe〔ˋmebɪ〕adv. 或許；可能　　*living room* 客廳
watch TV 看電視　　*in here* 在這裡（面）
bedroom〔ˋbɛd͵rum〕n. 臥室　　meow〔mɪˋaʊ〕n.（貓叫聲）喵
sofa〔ˋsofə〕n. 沙發　　*no wonder* 難怪

24.（ **B** ）麥可在哪裡？

A.　　　　　　　B.　　　　　　　C.

今天是 **2018** 年 **1** 月 **18** 日。王醫生仍然非常忙碌。他的病歷表掉在地上。他現在需要配對病例表和病人。請幫助他。

姓名：契斯特	姓名：強生	姓名：艾蜜莉
年齡：12	年齡：15	年齡：14
蛀牙：15 顆	蛀牙：6 顆	蛀牙：0 顆
上一次門診：	上一次門診：	上一次門診：
2016 年 12 月 29 日	2017 年 8 月 25 日	2017 年 12 月 18 日

	我三餐飯後會刷牙並用牙線剔牙。 我沒有任何蛀牙。 我每六個月去看一次牙醫。
	我應該更常刷牙。 我在乎有健康的牙齒。 我想要有漂亮的牙齒。

我喜歡吃糖果。

我討厭去牙醫診所。

我父母告訴我要每天刷牙，但是我沒有。

---

* January (ˈdʒænjuˌɛrɪ) *n.* 一月　　Dr. (ˈdɑktə) *n.* …醫生 (= *Doctor*)

still (stɪl) *adv.* 仍然　　busy (ˈbɪzɪ) *adj.* 忙碌的

chart (tʃɑrt) *n.* 圖表；病歷表　　fall (fɔl) *v.* 掉落

floor (flor) *n.* 地板；地面　　match (mætʃ) *v.* 使相配

match A *with* B　使 A 和 B 相配　　patient (ˈpeʃənt) *n.* 病人

help (hɛlp) *v.* 幫助　　Chester (ˈtʃɛstə) *n.* 契斯特

age (edʒ) *n.* 年紀　　cavity (ˈkævətɪ) *n.* 蛀牙

last (læst) *adj.* 最後的；上一次的

appointment (əˈpɔɪntmənt) *n.* 約診　　Johnson (ˈdʒɑnsn̩) *n.* 強生

Emily (ˈɛmḷɪ) *n.* 艾蜜莉　　brush (brʌʃ) *v.* 刷

floss (flɔs) *v.* 用牙線（剔牙）　　teeth (tiθ) *n. pl.* 牙齒【單數是 tooth】

meal (mil) *n.* 一餐　　visit (ˈvɪzɪt) *v.* 拜訪；找（醫生）請教

dentist (ˈdɛntɪst) *n.* 牙醫　　often (ˈɔfən) *adv.* 常常

care about 關心；在乎　　healthy (ˈhɛlθɪ) *adj.* 健康的

beautiful (ˈbjutəfəl) *adj.* 美麗的；漂亮的

candy (ˈkændɪ) *n.* 糖果　　hate (het) *v.* 討厭

office (ˈɔfɪs) *n.* 辦公室；診所　　parents (ˈpɛrənts) *n. pl.* 父母

25. (**C**) 誰把牙齒照顧得最好？

A. 契斯特。

B. 強生。

C. 艾蜜莉。

　* *take care of* 照顧　　*take good care of* 好好照顧

法莫老師：早安，各位。我是安迪・法莫，你們的英文老師。

我們來談論你們最喜愛的運動明星吧。傑夫，誰是

你最喜愛的運動明星？

傑　　夫：嗯，我最喜愛的運動明星是個游泳運動員。他的名
　　　　　字是麥可・菲爾普斯。

法莫老師：他來自加拿大嗎？

傑　　夫：不，他跟我都是美國人。

法莫老師：好的。你呢，彼得？

彼　　得：我最喜歡的運動明星是位籃球員。他是麥可・喬
　　　　　登。

* Mr.（ˈmɪstə）n. …先生　　Farmer（ˈfɑrmə）n. 法莫
Andy（ˈændɪ）n. 安迪　　**Let's ~** 我們一起~吧
talk about 談論　　sports（sports）adj. 運動的
star（stɑr）n. 明星　　well（wɛl）interj.（表示遲疑、停頓）嗯
swimmer（ˈswɪmə）n. 游泳者；游泳運動員
Michael Phelps（ˈmaɪkl̩ ˈfɛlps）n. 麥可・菲爾普斯【出生於美國馬里蘭州巴
　　爾的摩市，是美國游泳運動員，綽號飛魚、水怪、水神，男子個人混合泳、蝶泳
　　三項世界紀錄的保持者】
Canada（ˈkænədə）n. 加拿大　　American（əˈmɛrɪkən）n. 美國人
How about you? 你呢？　　player（ˈpleə）n. 選手
Michael Jordan（ˈmaɪkl̩ ˈdʒɔrdən）n. 麥可・喬登【前 NBA 球員，有「籃
　　球之神」、「空中飛人」的稱號】

26.（**B**）　誰是彼得最喜愛的運動明星？

A.　　　　　　　　B.　　　　　　　　C.

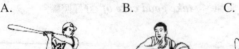

徵 求

A. 親愛的畢業生

你最想跟哪位老師說「謝謝你」？你想要分享你在這裡所有有趣的事情嗎？

B. 親愛的同學

你有任何好笑的笑話想要分享嗎？你有拍攝任何我們美麗校園的照片嗎？

C. 親愛的老師

你有任何話要告訴畢業生嗎？你想要推薦任何書給我們大家細讀嗎？

歡迎你提供你的作品！請交給 **813** 班，陳克萊爾。

● 注意：

1. 截止日期是 11 月 30 日。
2. 如果你的作品獲選，你將會得到我們送的禮物。

---

* wanted〔'wɑntɪd〕*adj.* 徵求…的 　　 dear〔dɪr〕*adj.* 親愛的
graduate〔'grædʒuɪt〕*n.* 畢業生 　　 share〔ʃɛr〕*v.* 分享
schoolmate〔'skul‚met〕*n.*（同校）同學 　　 funny〔'fʌnɪ〕*adj.* 好笑的
joke〔dʒok〕*n.* 笑話 　　 take〔tek〕*v.* 拍（照）
photo〔'foto〕*n.* 照片 　　 words〔wɜds〕*n. pl.* 言語；話
recommend〔‚rɛkə'mɛnd〕*v.* 推薦 　　 carefully〔'kɛrfəlɪ〕*adv.* 仔細地
welcome〔'wɛlkəm〕*adj.* 受歡迎的
contribute〔kən'trɪbjut〕*v.* 提供；貢獻 　　 work〔wɜk〕*n.* 作品
hand in 繳交 　　 Clair〔klɛr〕*n.* 克萊爾
note〔not〕*n.* 注意 　　 deadline〔'dɛd‚laɪn〕*n.* 截止日期
chosen〔'tʃozn̩〕*v.* 選擇【chose 的過去分詞】 　　 present〔'prɛznt〕*n.* 禮物

27. (**C**)　誰可能會說一些建議的話？

　　　A. 畢業生。

　　　B. 同校同學。

　　　C. <u>老師。</u>

　　　* advice〔əd'vaɪs〕n. 忠告；建議

　　　每個人都知道茶來自中國，但是它是如何變成英國最受人喜愛的飲料呢？茶在十六世紀時，可能是中國和日本的國民飲料。在這時候，來自歐洲的探險家發現這個有趣的飲料，並把它帶回他們的國家。荷蘭是第一個從中國進口茶的國家，然後再將它出口到英國。

　　　茶很快就在英國變得很受歡迎，但它不只是飲料而已。英國人相信茶對健康有益，而且也是一種藥。到了1750年，茶已經是英國所有社會階層中最受歡迎的飲料。

---

* China〔'tʃaɪnə〕n. 中國　　favorite〔'fevərɪt〕adj. 最喜愛的
drink〔drɪŋk〕n. 飲料　　England〔'ɪŋglənd〕n. 英國
probably〔'prɑbəblɪ〕adv. 可能
national〔'næʃənḷ〕adj. 國家的；國民的　　Japan〔dʒə'pæn〕n. 日本
century〔'sɛntʃərɪ〕n. 世紀　　during〔'dʊrɪŋ〕prep. 在…的期間
explorer〔ɪk'splorə〕n. 探險家　　Europe〔'jʊrəp〕n. 歐洲
brought〔brɔt〕v. 帶【bring 的過去式】
country〔'kʌntrɪ〕n. 國家　　Holland〔'hɑlənd〕n. 荷蘭
import〔ɪm'port〕v. 進口　　then〔ðɛn〕adv. 然後
export〔ɪks'port〕v. 出口　　popular〔'pɑpjələ〕adj. 受歡迎的
English〔'ɪŋglɪʃ〕adj. 英國的　　believe〔bɪ'liv〕v. 相信
health〔hɛlθ〕n. 健康　　kind〔kaɪnd〕n. 種類
medicine〔'mɛdəsṇ〕n. 藥　　by〔baɪ〕prep. 到了…（時候）
beverage〔'bɛvərɪdʒ〕n. 飲料　　class〔klæs〕n.（社會）階級

28. (**B**) 何者是第一個從中國進口茶的國家？

    A. 日本。

    B. <u>荷蘭</u>。

    C. 英國。

親愛的阿曼達：

    我是一位很煩惱的十三歲的學生。我在學校成績很好，但是我對於自己的外表不是很滿意。我的鼻子很大，而且我戴著眼鏡。我也很胖！我朋友告訴我不要擔心，並記得要每天去慢跑。我媽媽要我停止吃太多的巧克力和糖果。其他的小孩想吃多少就可以吃多少。為何我不行？我越擔心，就吃得越多。我應該怎麼做？

                    天鵝高中的醜小鴨

---

* dear〔dɪr〕*adj.* 親愛的　　Amanda〔əˈmændə〕*n.* 阿曼達
worried〔ˈwɝɪd〕*adj.* 擔心的　　*do well* 表現好；考得好
way〔we〕*n.* 樣子　　look〔lʊk〕*v.* 看起來　　nose〔noz〕*n.* 鼻子
wear〔wɛr〕*v.* 穿；戴　　glasses〔ˈglæsɪz〕*n. pl.* 眼鏡
quite〔kwaɪt〕*adv.* 相當　　remember〔rɪˈmɛmbɚ〕*v.* 記得
jog〔dʒɑg〕*v.* 慢跑　　kid〔kɪd〕*n.* 小孩
the + 比較級, the + 比較級　越…，就越…　　ugly〔ˈʌglɪ〕*adj.* 醜的
duckling〔ˈdʌklɪŋ〕*n.* 小鴨　　swan〔swɑn〕*n.* 天鵝

29. (**A**) 醜小鴨擔心什麼？

    A. <u>他的外表</u>。

    B. 他的成績。

    C. 他的父母。

    * appearance〔əˈpɪrəns〕*n.* 外表　　grade〔gred〕*n.* 成績

在全世界，不同的民族會用不同的方式清理自己。舉例來說，英國人總是會洗澡。他們會坐在一個充滿溫水的浴缸裡。但是大多的美國人不喜歡那樣。他們喜歡淋浴。日本人一開始淋浴時會用肥皂。然後他們會去坐在一個有溫水的浴缸裡。泰國人會在房間裡洗，會用罐子把水倒在身上。他們會穿一塊長長的布，這樣其他人就不會看到他們的身體。

　　清理身體的方式可能對人們來說是不一樣的，但是他們都知道乾淨是好的，以及肥皂和水對健康有益。

* throughout〔θru'aʊt〕 *prep.* 遍及　　world〔wɜld〕 *n.* 世界
different〔'dɪfərənt〕 *adj.* 不同的　　people〔'pipl̩〕 *n.* 民族　*pl.* 人們
clean〔klin〕 *adj.* 乾淨的　　way〔we〕 *n.* 方式
for example 舉例來說　　*the English* 英國人（= *English people*）
bath〔bæθ〕 *n.* 洗澡　　*take a bath* 洗澡　　bathtub〔'bæθ,tʌb〕 *n.* 浴缸
full of 充滿…的　　warm〔wɔrm〕 *adj.* 溫暖的
American〔ə'mɛrɪkən〕 *n.* 美國人　*adj.* 美國的
that way 那樣子　　shower〔'ʃaʊɚ〕 *n.* 淋浴
take a shower 淋浴　　Japanese〔,dʒæpə'niz〕 *n.* 日本人
soap〔sop〕 *n.* 肥皂　　Thai〔taɪ〕 *n.* 泰國人　*adj.* 泰國的
the Thais 泰國人　　pour〔por〕 *v.* 倒　　jar〔dʒɑr〕 *n.* 罐子
wear〔wɛr〕 *v.* 穿　　long〔lɔŋ〕 *adj.* 長的　　piece〔pis〕 *n.* 片；塊
cloth〔klɔθ〕 *n.* 布　　*so that* 所以；因此
body〔'bɑdɪ〕 *n.* 身體　　health〔hɛlθ〕 *n.* 健康

30. (**A**) 誰比較喜歡淋浴？

　　A. 美國人。

　　B. 英國人。

　　C. 泰國人。

　　* prefer〔prɪ'fɝ〕 *v.* 比較喜歡

TEST 4　詳解

閱讀：是非題

星期一	星期二	星期三	星期四	星期五	星期六	星期日

1. (**N**)　星期一的天氣預報說將會下雪。
2. (**Y**)　星期五的天氣預報說會是晴天。

> * forecast〔ˋfɔrˏkæst〕*n.* 預報；預測
>
> ***call for*** 預測（天氣）（= *predict* ）
>
> snow〔sno〕*n.* 雪　　sunny〔ˋsʌnɪ〕*adj.* 晴朗的
>
> skies〔skaɪz〕*n. pl.* 天空【sky 的複數】

珍妮

罰單

3. (**N**)　珍妮正在吃一個三明治。
4. (**N**)　珍妮很開心。

> * Jenny〔ˋdʒɛnɪ〕*n.* 珍妮　　sandwich〔ˋsændwɪtʃ〕*n.* 三明治

5. (**Y**) 保羅正在用電腦。

6. (**Y**) 琳達正在講電話。

　　　　* Linda〔ˈlɪndə〕*n.* 琳達　　Lucy〔ˈlusɪ〕*n.* 露西
　　　　Paul〔pɔl〕*n.* 保羅　　computer〔kəmˈpjutɚ〕*n.* 電腦
　　　　phone〔fon〕*n.* 電話　　***talk on the phone*** 講電話

7. (**Y**) 花蓮很晴朗。

8. (**Y**) 新竹在下雨。

　　　　* Taipei〔ˈtaɪˈpe〕*n.* 台北　　Hsinchu〔ˈʃinˈtʃu〕*n.* 新竹
　　　　Taichung〔ˈtaɪˈtʃʌŋ〕*n.* 台中　　Tainan〔ˈtaɪˈnæn〕*n.* 台南
　　　　Kaohsiung〔ˈkauʃəŋ〕*n.* 高雄　　Hualien〔ˈhuɑˈlɪɛn〕*n.* 花蓮
　　　　rain〔ren〕*v.* 下雨

9. (**Y**)　日曆上的 12 號被圈起來了。

10. (**N**)　這個月有 30 天。

　　　* circle〔ˋsɝk!〕v. 圈起來　　calendar〔ˋkæləndɚ〕n. 日曆
　　　day〔de〕n. 天　　month〔mʌnθ〕n. 月

11. (**Y**)　農夫正在種他的農作物。

12. (**Y**)　有兩個主要的生長期。

　　　* farmer〔ˋfɑrmɚ〕n. 農夫　　plant〔plænt〕v. 種植
　　　crop〔krɑp〕n. 農作物　　main〔men〕adj. 主要的
　　　grow〔gro〕v. 生長　　season〔ˋsizn̩〕n. 期；季節

13.(**Y**)　這位男士開車去上班。

14.(**Y**)　這位男士要花 30 分鐘開車去上班。

> * drive〔draɪv〕*v.* 開車　　take〔tek〕*v.* 花費
> minute〔'mɪnɪt〕*n.* 分鐘　　work〔wɝk〕*n.* 工作

15.(**Y**)　颱風朝著台灣的東部前進。

16.(**N**)　颱風在花蓮比在台東強。

> * typhoon〔taɪ'fun〕*n.* 颱風　　***be headed for*** 朝…前進
> east〔ist〕*adj.* 東邊的　　coast〔kost〕*n.* 海岸
> stronger〔'strɔŋɚ〕*adj.* 較強的【strong 的比較級】

17. (**Y**) 這位女士不高興。

18. (**N**) 這位男士正在笑。

* upset〔ʌpˈsɛt〕*adj.* 不高興的   laugh〔læf〕*v.* 笑

19. (**N**) 他們撞壞了他們的腳踏車。

20. (**Y**) 他們戴著安全帽。

* crash〔kræʃ〕*v.* 撞壞   bicycle〔ˈbaɪsɪkl̩〕*n.* 腳踏車
  wear〔wɛr〕*v.* 穿；戴   helmet〔ˈhɛlmət〕*n.* 安全帽

閱讀：選擇題

大衛的時間表		
星期日	早上 9:00	和蘇吃早餐
星期一	早上 11:00	去購買食物
星期二	下午 2:00	去游泳
星期三	下午 4:00	看電影
星期四	早上 10:30	和李先生見面
星期五	早上 8:30	和珍打網球
星期六	早上 5:30	去健行
	早上 9:00	和蘇吃早餐
	下午 3:30	教瑪麗英文

* David〔'devɪd〕*n.* 大衛　　schedule〔'skɛdʒəl〕*n.* 時間表
a.m. 早上　　breakfast〔'brɛkfəst〕*n.* 早餐
Sue〔su〕*n.* 蘇　***shop for*** 購買
go shopping for 去購買　　food〔fud〕*n.* 食物
p.m. 下午　　swim〔swɪm〕*v.* 游泳
movie〔'muvɪ〕*n.* 電影　　meet〔mit〕*v.* 和～見面
Mr.〔'mɪstɚ〕*n.* 先生　　Li〔li〕*n.* 李
tennis〔'tɛnɪs〕*n.* 網球　　Jane〔dʒen〕*n.* 珍
hike〔haɪk〕*v.* 健行

21. (**C**) 大衛正在跟李先生見面。今天是星期幾？

   A. 星期二。

   B. 星期三。

   C. 星期四。

莎　莉：你在做什麼？

愛德華：我的電腦壞掉了。我在找一台新的。

莎　莉：那你舊的電腦要怎麼辦？

愛德華：那是個問題。我不知道。

莎　莉：你可以把它賣掉。

愛德華：它蠻舊的，而且不能用。

莎　莉：說不定它有一些零件還可以用。我知道有些電腦店會
　　　　把你的電腦拿去回收。而且你也會得到一些錢。

愛德華：那真是太棒了！告訴我他們的電話號碼。我今天晚上
　　　　要打給他們。

莎　莉：沒問題。但是在你打之前，務必要把你舊電腦裡的所
　　　　有資料移到新電腦裡。

* Sally〔'sælɪ〕*n.* 莎莉　　Edward〔'ɛdwəd〕*n.* 愛德華
order〔'ɔrdə〕*n.* 規則；次序　　*out of order* 故障
look for 尋找　　*do with* 處理
problem〔'prɑbləm〕*n.* 問題　　idea〔aɪ'diə〕*n.* 主意
have no idea 不知道　　sell〔sɛl〕*v.* 賣
pretty〔'prɪtɪ〕*adv.* 相當　　old〔old〕*adj.* 舊的
use〔juz〕*v.* 使用　　maybe〔'mebɪ〕*adv.* 或許
part〔pɑrt〕*n.* 部分；零件　　store〔stɔr〕*n.* 商店
take〔tek〕*v.* 接受　　recycle〔ˌri'saɪkḷ〕*v.* 回收
great〔gret〕*adj.* 很棒的　　phone〔fon〕*n.* 電話
number〔'nʌmbə〕*n.* 號碼　　call〔kɔl〕*v.* 打電話給；打電話
tonight〔tə'naɪt〕*adj.* 今晚　　sure〔ʃʊr〕*adv.* 好；沒問題
before〔bɪ'fɔr〕*conj.* 在…之前　　*make sure* 確定
move〔muv〕*v.* 移動　　information〔ˌɪnfə'meʃən〕*n.* 資料

22. (**A**) 莎莉建議什麼？

　　A. 把電腦拿去回收。

　　B. 買一台新的電腦。

　　C. 修理他的電腦。

　　* suggest〔sə'dʒɛst〕*v.* 建議

有太多你不會再讀的舊書嗎？

　想要讀不一樣的書，

但同時也想省錢嗎？

綠書人可以幫你！

這是我們運作的方式：

◎ 把你要出售的書列在我們的網站上。

　每賣出去一本書，你就會收到 **50** 元。

◎ 在我們的網站上花 **60** 元購買任何一本書，

　我們將會用 **10** 元去做好事：

　　我們會種樹。

現在就上 **www.greenbookpeople.com.tw**，開始

你的綠色閱讀生活吧！

---

* anymore〔'ɛnɪˌmor〕*adv.* 再也（不）　　***not~anymore*** 不再~
different〔'dɪfrənt〕*adj.* 不一樣的　　save〔sev〕*v.* 節省
people〔'pipl〕*n. pl.* 人　　　　work〔wɜk〕*v.* 運作
list〔lɪst〕*v.* 列出　　　　website〔'wɛbˌsaɪt〕*n.* 網站

for sale 出售的　　each〔itʃ〕*adj.* 每一個
sold〔sold〕*adj.* 賣出的　　receive〔rɪ'siv〕*v.* 收到
put…to use 使用；利用　　plant〔plænt〕*v.* 種植
tree〔tri〕*n.* 樹　　visit〔'vɪzɪt〕*v.* 拜訪；去…看看
start〔stɑrt〕*v.* 開始

23. (**C**)　什麼不是綠書人會做的事？

　　　A. 種樹。

　　　B. 賣書。

　　　C. 買書。

　　　* buy〔baɪ〕*v.* 買

ABC 便利商店 ---

收集貼紙來贏

1	2	3	4	5	6	7	8	9	10
11	12	13	14	15	16	17	18	19	20

● 每花台幣 **30** 元，就可以得到一張貼紙。

● 把貼紙貼到格子上。

● 如果你集滿 **20** 張貼紙，就可以僅用台幣 **50** 元購買一台
　玩具車。

* convenience〔kən'vinjəns〕*n.* 方便　　*convenience store* 便利商店
collect〔kə'lɛkt〕*v.* 收集　　sticker〔'stɪkə〕*n.* 貼紙
win〔wɪn〕*v.* 贏　　spend〔spɛnd〕*v.* 花費
place〔ples〕*v.* 放置　　grid〔grɪd〕*n.* 格子
toy〔tɔɪ〕*adj.* 玩具的　　*toy car* 玩具車
for〔fɔr〕*prep.* 以…的金額

24. (**C**)　泰德剛剛在 ABC 便利商店花了台幣 330 元。他得到了幾張貼紙？

　　　A. 9 張。

　　　B. 10 張。

　　　C. 11 張。

　　　* just〔dʒʌst〕*adv.* 剛剛　　　spent〔spɛnt〕*v.* 花費【spend 的過去式】

　　　　　　　　　機器人世界盃是一個全世界的足球活動。它在 1997 年開始而且每年都在不同國家舉行。很多粉絲會來幫他們最喜歡的一隊加油。但是它有一點很特別—所有的選手都是機器人。來自不同國家的科學家組成很多隊的機器人。它們會跑步、接球，還有把球傳給彼此。由於科學家的努力，機器人越來越會踢球了。科學家甚至想要讓機器人在 2050 年之前，打敗人類的足球隊。這有可能嗎？讓我們等著看吧。還有，機器人世界盃有一個特別給青少年的比賽。像你一樣的學生可以製作機器人，然後參加青少年機器人世界盃。聽起來很有趣，對吧？

　* ***RoboCup*** *n.* 機器人世界盃　　world〔wɜld〕*n.* 世界
　soccer〔'sakɚ〕*n.* 足球　　event〔ɪ'vɛnt〕*n.* 大型活動
　began〔bɪ'gæn〕*v.* 開始【begin 的過去式】
　take place 舉行　　country〔'kʌntrɪ〕*n.* 國家
　fan〔fæn〕*n.* 迷；粉絲　　cheer〔tʃɪr〕*v.* 加油
　favorite〔'fevərɪt〕*adj.* 最喜愛的　　team〔tim〕*n.* 隊
　special〔'spɛʃəl〕*adj.* 特別的　　player〔'pleɚ〕*n.* 選手
　robot〔'robɑt〕*n.* 機器人　　scientist〔'saɪəntɪst〕*n.* 科學家
　catch〔kætʃ〕*v.* 接住　　pass〔pæs〕*v.* 傳遞
　each other 彼此　　***hard work*** 努力

better and better 越來越好　　beat〔bit〕*v.* 打敗
before〔bɪˋfɔr〕*conj.* 在…之前　　possible〔ˋpɑsəbḷ〕*adj.* 有可能的
wait and see 等著瞧　　also〔ˋɔlso〕*adv.* 而且
game〔gem〕*n.* 比賽；遊戲　　teenager〔ˋtinˏedʒɚ〕*n.* 青少年
join〔dʒɔɪn〕*v.* 參加　　junior〔ˋdʒunɪɚ〕*n.* 年少者
sound〔saʊnd〕*v.* 聽起來　　interesting〔ˋɪntrɪstɪŋ〕*adj.* 有趣的

25.(**A**)　下列關於機器人世界盃何者正確？

　　A. 比賽是由機器人去比的。

　　B. 機器人比人屬害。

　　C. 只有科學家可以參加。

　　* allow〔əˋlaʊ〕*n.* 允許　　participate〔pɑrˋtɪsəˏpet〕*n.* 參加

我的名字是肯。我來自台灣。我是一個國中學生。我很愛書，還有學校所有的科目。我每個禮拜大約讀兩本書。愛因斯坦是我最喜歡的科學家。

我是琴。我來自英國。我是一位小提琴家教。我訓練很多學生，他們都變成優秀的小提琴演奏者。我們每個禮拜三都會聚在一起拉小提琴。我們真的很喜歡音樂，並且玩得很開心。

我是大衛。我來自加拿大。這些是我的寵物，可可和牛奶。可可是一隻小狗。她有大大的鼻子和小小的耳朵。她喜歡睡覺。牛奶是一隻大狗。他有很短的毛和一張大嘴巴。他喜歡接飛盤。我愛牠們。

* Ken〔kɛn〕*n.* 肩   ***junior high school*** 國中
subject〔'sʌbdʒɛkt〕*n.* 科目
Einstein〔'aɪn,staɪn〕*n.* 愛因斯坦【創造了相對論的理論物理學家】
favorite〔'fevərɪt〕*adj.* 最喜愛的   scientist〔'saɪəntɪst〕*n.* 科學家
Jean〔dʒin〕*n.* 琴   ***UK*** 英國（= *United Kingdom*）
violin〔,vaɪə'lɪn〕*n.* 小提琴   tutor〔'tutɚ〕*n.* 家教
train〔tren〕*v.* 訓練   excellent〔'ɛksḷənt〕*adj.* 優秀的
player〔'plejɚ〕*n.* 演奏者   ***get together*** 聚在一起
enjoy〔ɪn'dʒɔɪ〕*v.* 享受；喜歡   music〔'mjuzɪk〕*n.* 音樂
have fun 玩得愉快   Canada〔'kænədə〕*n.* 加拿大
pet〔pɛt〕*n.* 寵物   Choco〔'tʃoko〕*n.* 可可
Frisbee〔'frɪzbi〕*n.* 飛盤

26. (**A**) 肯、琴，和大衛之間有什麼共同點？

    A. 他們都愛音樂。
    B. 他們都住在台灣。
    C. 沒有。

    * ***have*** *sth.* ***in common*** 有共同點

　　每個學生都需要一個可以讀書的地方。有些學生喜歡在圖書館安靜的環境裡讀書。大部分的學校圖書館有很大的書桌和很多椅子。他們也有個人的讀書室，叫做研習間。有些學生比較喜歡在自己家裡的房間或是在宿舍讀書。所有的學生都需要舒服的椅子，因為他們要在上面坐好幾個小時。

　　學生對於最好的讀書環境有不同的想法。有些學生會聽音樂，或是聚在一起讀書。有些學生需要單獨在一間安靜的房間裡。換句話說，沒有所謂最好的讀書環境，而是對於每個學生而言，都有一個最好的環境。

* place〔ples〕*n.* 地方　　quiet〔'kwaɪət〕*adj.* 安靜的

atmosphere〔'ætməsfɪr〕*n.* 氣氛；環境

library〔'laɪ,brɛrɪ〕*n.* 圖書館　　most〔most〕*adj.* 大多數的

large〔lɑrdʒ〕*adj.* 大的　　*study table* 書桌

individual〔,ɪndə'vɪdʒʊəl〕*adj.* 個別的　　booth〔buθ〕*n.* 包廂

carrel〔'kærəl〕*n.* (圖書館內備有書桌，供單人工作用的) 研習室

other〔'ʌðə〕*adj.* 其他的　　prefer〔prɪ'fɝ〕*v.* 比較喜歡

own〔on〕*adj.* 自己的　　room〔rum〕*n.* 房間

dormitory〔'dɔrmə,torɪ〕*n.* 宿舍

comfortable〔'kʌmfətəbl̩〕*adj.* 舒服的　　idea〔aɪ'diə〕*n.* 想法

best〔bɛst〕*adj.* 最好的　　*listen to* 聽

group〔grup〕*n.* 團體；組　　alone〔ə'lon〕*adj.* 單獨的

in other words 換句話說　　each〔itʃ〕*adj.* 每一個

27. (**A**)　所有的學生都需要什麼？

　　A. 一個舒服的椅子。

　　B. 一個安靜的環境。

　　C. 其他的學生。

數獨是一個數字的謎題。數獨的目標就是在一個大表格的每個空格裡填入數字 1 到 9 中的一個。大的表格是由九個小表格組成。每個小表格有九個空格。在每個小表格中，已經提供了一些數字。每個數字在每一列、欄和小表格裡，只能出現一次。

　　沒有人知道第一個數獨是誰創造的，但是這個遊戲最早是在 1970 年代末期，在紐約出版。在 1984 年四月，一位日籍男士，鍛治真起，把這個遊戲帶到了他的國家。後來，人們把這個遊戲稱為數獨。

* Su Doku〔su ′dɔku〕*n.* 數獨　　puzzle〔′pʌzl̩〕*n.* 謎題；難題

aim〔em〕*n.* 目標；目的　　enter〔′ɛntɚ〕*v.* 輸入；進入

number〔′nʌmbɚ〕*n.* 數字　　box〔bɑks〕*n.* 空格；方塊；框

table〔′tebl̩〕*n.* 表格　　***be made up of*** 由~組成

a few 一些　　already〔ɔl′rɛdɪ〕*adv.* 已經

given〔′gɪvn̩〕*v.* 給予；提供【give 的過去分詞】

appear〔ə′pɪr〕*v.* 出現　　once〔wʌns〕*adv.* 一次

row〔ro〕*n.* 列；排　　column〔′kɑləm〕*n.* 欄

first〔fɝst〕*adj.* 第一個　*adv.* 最初

in print 已出版的　　New York〔nu ′jɔrk〕*n.* 紐約

Japanese〔ˌdʒæpə′niz〕*adj.* 日本的

Maki Kaji〔′makɪ ′kɑdʒɪ〕*n.* 鍛治眞起【數獨教父】

brought〔brɔt〕*v.* 帶【bring 的過去式】

country〔′kʌntrɪ〕*n.* 國家　　later〔′letɚ〕*adv.* 後來

call〔kɔl〕*v.* 稱 (…爲~)

28. (**B**)　本文是關於什麼？

　　A. 本文是關於爲何數獨會這麼流行。

　　B. 本文是關於如何填寫數獨。

　　C. 本文是關於創造第一個數獨的人。

　　* reading〔′ridɪŋ〕*n.* 讀物；閱讀材料

　　　popular〔′pɑpjəlɚ〕*adj.* 流行的　　***fill in*** 填寫

　　　　我做了一個夢──一個奇怪的夢，而且它幫我更加了解約翰。

　　　　我跟約翰一起生活超過五年了。他是世界上最可愛的東西。我買魚、牛奶，和很多玩具老鼠給他。我甚至幫他買了一個小房子，因爲他有時候喜歡獨處。我全心全意地愛他。

　　但是什麼地方出錯了？在夢裡，約翰看起來很生氣，他告訴我說：「崔西，我有事情要告訴你。我不喜歡魚。我不喜歡牛奶。還有玩具老鼠？你瘋了嗎？我又不是一隻貓。而且我也不想當一隻貓！」然後他就跑回他的小房子。

　　做完夢之後，我更清楚了：狗不喜歡魚或牛奶。而且他們一定也不喜歡玩具老鼠。此外，當他們非常生氣的時候，一定會讓你知道！

* dream〔drim〕 *n.* 夢　　***have a dream*** 做一個夢
strange〔strendʒ〕 *adj.* 奇怪的
understand〔ˌʌndɚˈstænd〕 *v.* 了解　　***more than*** 超過
cutest〔ˈkjutɪst〕 *adj.* 最可愛的【cute 的最高級】
fish〔fɪʃ〕 *n.* 魚　　***lots of*** 很多
toy〔tɔɪ〕 *adj.* 玩具的　　mice〔maɪs〕 *n. pl.* 老鼠【mouse 的複數】
even〔ˈivən〕 *adv.* 甚至　　bought〔bɔt〕 *v.* 買【buy 的過去式】
sometimes〔ˈsʌmˌtaɪmz〕 *adv.* 有時候　　alone〔əˈlon〕 *adj.* 獨自的
with all *one's* ***heart*** 全心全意　　wrong〔rɔŋ〕 *adj.* 錯的
go wrong 出錯　　look〔luk〕 *v.* 看起來
angry〔ˈæŋgri〕 *adj.* 生氣的　　Tracy〔ˈtresɪ〕 *n.* 崔西
crazy〔ˈkrezɪ〕 *adj.* 瘋狂的　　either〔ˈiðɚ〕 *adv.* 也（不）
back〔bæk〕 *adv.* 回去　　after〔ˈæftɚ〕 *prep.* 在…之後
know better 更明白事理；更清楚知道　　surely〔ˈʃurlɪ〕 *adv.* 的確
besides〔bɪˈsaɪdz〕 *adv.* 此外　　let〔lɛt〕 *v.* 讓

29. (**C**) 約翰是什麼？

　　A. 一隻魚。

　　B. 一隻貓。

　　C. <u>一隻狗。</u>

黛西的班上有 40 個同學。下面的圓餅圖顯示了黛西跟她的同學平日會做的事情。

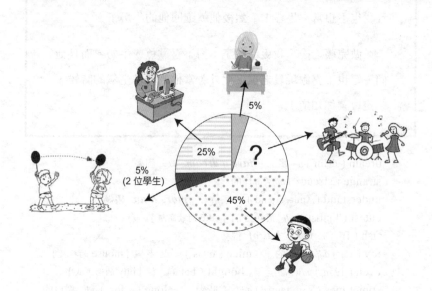

* ***there are*** 有　　Daisy〔'dezɪ〕*n.* 黛西　　class〔klæs〕*n.* 班級
following〔'faloɪŋ〕*adj.* 以下的　　pie〔paɪ〕*n.* 派；餡餅
chart〔tʃɑrt〕*n.* 圖表　***pie chart*** 圓餅圖
show〔ʃo〕*v.* 顯示　　classmate〔'klæs,met〕*n.* 同班同學
during〔'djʊrɪŋ〕*prep.* 在…的期間　　weekday〔'wik,de〕*n.* 平日

30.(**A**) 有多少學生平日會玩音樂？

　　A. 8 個。

　　B. 10 個。

　　C. 12 個。

TEST 5 詳解

閱讀：是非題

1. (**Y**) 他們抓到他們即將要吃的魚。
2. (**Y**) 他們坐在桌子旁邊。

> * caught〔kɔt〕*v.* 抓到【catch 的過去式】　fish〔fɪʃ〕*n.* 魚
> soon〔sun〕*adv.* 即將；很快　***be seated*** 坐著
> table〔'tebḷ〕*n.* 桌子　***at a table*** 在桌子旁邊

3. (**Y**) 這是一場生日派對。
4. (**Y**) 桌上有三個禮物。

> * birthday〔'bɝθ‚de〕*n.* 生日　party〔'partɪ〕*n.* 派對
> present〔'prɛzn̩t〕*n.* 禮物

5. (**Y**) 他們可能認識彼此。

6. (**Y**) 今天天氣晴朗。

      * probably〔'prɑbəblɪ〕*adv.* 可能   ***each other*** 彼此
         sunny〔'sʌnɪ〕*adj.* 晴朗的

7. (**Y**) 喬許喜歡踢足球。

8. (**N**) 喬許很會游泳。

      * Josh〔dʒɑʃ〕*n.* 喬許   soccer〔'sɑkɚ〕*n.* 足球
        play soccer 踢足球   swimmer〔'swɪmɚ〕*n.* 游泳者

9. (**N**) 這個美術館是在 1960 年被建造的。

10. (**Y**) 這個美術館裡有藝術品。

    * museum〔ˋmjuˊzɪəm〕*n.* 博物館　　***art museum*** 美術館
       built〔bɪlt〕*v.* 建造【build 的過去分詞】
       contain〔kənˊten〕*v.* 包含　　art〔ɑrt〕*n.* 藝術品

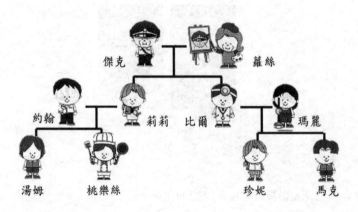

11. (**Y**) 傑克是比爾的爸爸。

12. (**Y**) 湯姆和桃樂絲是兄弟姐妹。

    * Jack〔dʒæk〕*n.* 傑克　　　Bill〔bɪl〕*n.* 比爾
       Tom〔tɑm〕*n.* 湯姆　　　Doris〔ˋdɔrɪs〕*n.* 桃樂絲
       siblings〔ˋsɪblɪŋz〕*n. pl.* 兄弟姐妹

13. (**N**)　那些機器正在嚇那個男孩。
14. (**Y**)　男孩正在指著機器人。

　　 * robot〔`robɑt`〕 *n.* 機器人　　scare〔skɛr〕 *v.* 使驚嚇
　　 point〔pɔɪnt〕 *v.* 指　　 ***point at*** 指著

8/27 電影

15. (**N**)　有三部電影被排定在 8 月 27 日上映。
16. (**N**)　女孩想要看動畫片。

　　 * movie〔`muvɪ`〕 *n.* 電影
　　 scheduled〔`skɛdʒul`〕 *v.* 排定
　　 be scheduled for 被排定在　　 animated〔`ænəˌmetəd`〕 *adj.* 動畫的
　　 film〔fɪlm〕 *n.* 電影

17. (**N**) 月亮是圓的。

18. (**N**) 他們正在吃早餐。

    * moon〔mun〕*n.* 月亮   full〔ful〕*adj.* (月亮) 圓的;滿的
    have〔hæv〕*v.* 吃   breakfast〔'brɛkfəst〕*n.* 早餐

19. (**Y**) 她可能上課遲到了。

20. (**Y**) 學校上面有個旗子。

    * late〔let〕*adj.* 遲到的   ***be late for*** …遲到
    flag〔flæg〕*n.* 旗子   atop〔ə'tɑp〕*prep.* 在…的上面

閱讀：選擇題

> 她驕傲地站在綠色的葉子上。
>
> 漂亮的女孩喜歡在手裡拿著她。
>
> 紅色、粉紅色、紫色、還有白色。
>
> 她在月光下看起來好優雅。
>
> 要摘她，你必須要很小心。
>
> 因為她既美麗又危險。

*on top of 在…的上面　　green〔grin〕adj. 綠色的
leaves〔livz〕n. pl. 葉子　　proudly〔'praudlı〕adv. 驕傲地
stand〔stænd〕v. 站著　　pretty〔'prıtı〕adj. 漂亮的
hold〔hold〕v. 拿著　　red〔rɛd〕n. 紅色　　pink〔pıŋk〕n. 粉紅色
purple〔'pɝpl〕n. 紫色　　white〔hwaıt〕n. 白色
look〔luk〕v. 看起來　　graceful〔'gresfl〕adj. 優雅的
moonlight〔'mun,laıt〕n. 月光　　in the moonlight 在月光下
pick〔pık〕v. 摘　　must〔mʌst〕aux. 必須
careful〔'kɛrfəl〕adj. 小心的　　dangerous〔'dendʒərəs〕adj. 危險的
as…as 和…一樣　　beautiful〔'bjutıfl〕adj. 美麗的
as dangerous as (it is) beautiful 既美麗又危險

21. (**C**)　「她」長得像什麼？

A.

B.

C.

兩封信

親愛的比爾：

我很抱歉，但是該說再見的時候了。我有一個新的男朋友。可以請你把我的照片寄回來嗎？我想要把它們給我新的男朋友。

蘇珊

親愛的蘇珊：

抱歉，我有太多女朋友了。請妳自己找妳的照片。

比爾

* letter〔'lɛtə〕*n.* 信　dear〔dɪr〕*adj.* 親愛的
Bill〔bɪl〕*n.* 比爾　*it's time to* 是該…的時候了
goodbye〔gʊd'baɪ〕*n.* 再見　new〔nu〕*adj.* 新的
boyfriend〔'bɔɪ,frɛnd〕*n.* 男朋友　please〔pliz〕*adv.* 請
send〔sɛnd〕*v.* 寄　photo〔'foto〕*n.* 照片
back〔bæk〕*adv.* 回來　Susan〔'suzən〕*n.* 蘇珊
girlfriend〔'gɝl,frɛnd〕*n.* 女朋友　find〔faɪnd〕*v.* 找
by oneself 自己

22. (**A**) 蘇珊跟比爾要什麼東西？
    A. 她的照片。
    B. 她的情書。
    C. 一個道歉。

    * love〔lʌv〕*n.* 愛　*love letter* 情書
    apology〔ə'palədʒɪ〕*n.* 道歉

（琳達是這所國中的新生。她正在跟莎莉講話。）

琳達；很高興認識妳。我是琳達。

莎莉；我也很高興認識妳。我叫莎莉。

琳達；莎莉，我們的英文課是幾點？

莎莉；今天是禮拜一。我們的英文課是八點，中文課是十點。

琳達；謝謝妳。音樂課是一點半嗎？

莎莉；不是，我們禮拜二早上和禮拜四下午才有音樂課。

琳達；我們的體育課不是今天下午兩點嗎？

莎莉；對，我們可以打籃球和踢足球。

琳達；太棒了。我們可以跟誰玩？

莎莉；小馬克。

琳達；你是說馬克‧威爾斯嗎？

莎莉；對，我們班上有兩個馬克。一個又矮又瘦；另一個很高

　　　而且有點胖。

琳達；哈哈。真有趣。

---

* Linda〔'lɪndə〕*n.* 琳達　　***junior high school*** 國中
Sally〔'sælɪ〕*n.* 莎莉　　　meet〔mit〕*v.* 認識
Nice to meet you. 很高興認識你。　　　music〔'mjuzɪk〕*n.* 音樂
PE class 體育課（= *physical education class*）
basketball〔'bæskɪt,bɔl〕*n.* 籃球　　great〔gret〕*adj.* 很棒的
mean〔min〕*v.* 意思是　　　Mark Wells〔'mɑrk 'wɛls〕*n.* 馬克‧威爾斯
short〔ʃɔrt〕*adj.* 矮的　　　thin〔θɪn〕*adj.* 瘦的
heavy〔'hɛvɪ〕*adj.* 重的　　　hah〔hɑ〕*interj.* 哈
funny〔'fʌnɪ〕*adj.* 有趣的；好笑的

23. (**C**)　誰是「小馬克」？

A. 　　　B. 　　　C.

威力是個小男孩。

他來自台灣。

小貓和小鳥是他的新朋友。

小鳥又小又可愛，而且她很會唱歌。

小貓喜歡睡覺。

他最喜歡的是魚，而且他每天都會吃。

小貓和小鳥在哪裡？

小貓在椅子下面。

小鳥現在在她的小籠子裡。

順道一提，小貓是一隻黑色的貓，而小鳥是一隻黃色的鳥。

他們很開心。

* Willie〔'wɪli〕*n.* 威力　　kitty〔'kɪti〕*n.* 小貓
birdie〔'bɝdi〕*adj.* 小鳥　　singer〔'sɪŋɚ〕*v.* 歌手
favorite〔'fevərɪt〕*adj.* 最喜歡的　　under〔'ʌndɚ〕*prep.* 在…下面
cage〔kedʒ〕*n.* 籠子　　***by the way*** 順道一提

24. (**C**)　誰喜歡吃魚？

　　A. 威力。

　　B. 小鳥。

　　C. 小貓。

月餅

從 8 月 25 日到 9 月 10 日

每消費 1,000 元以上，即可打九折

水果月餅	綠豆月餅	紅豆月餅
NT$260/每盒	NT$320/每盒	NT$350/每盒
巧克力月餅	金色月餅	冰淇淋月餅
NT$350/每盒	NT$650/每盒	NT$720/每盒

* moon cake〔ˋmun ˋkek〕*n.* 月餅　　***10% off***　打九折
purchase〔ˋpɝtʃəs〕*n.* 購買　　fruit〔frut〕*n.* 水果
bean〔bin〕*n.* 豆子　　***green bean*** 綠豆
red bean 紅豆　　chocolate〔ˋtʃɔkəlɪt〕*n.* 巧克力
gold〔gold〕*adj.* 金色的　　***ice cream*** 冰淇淋

25. (**C**)　方先生買了兩盒冰淇淋月餅。他付了多少錢？

A. NT$1,440。

B. NT$1,320。

C. NT$1,296。

* 720 × 2 = 1,440【原價】
滿 1,000 元，打九折，即 1,440 × 90% = 1,296
pay〔pe〕*v.* 支付

參觀紫蝶谷的規定

這裡有一些規定。

*不要抓蝴蝶。

*不要製造噪音。

*不要搖樹。

*不要摘花。

*不要亂丟垃圾。

*不要奔跑。

*不要講手機。

* rules〔rulz〕*n. pl.* 規定　　visit〔'vɪzɪt〕*v.* 參觀
purple〔'pɝpḷ〕*adj.* 紫色的　　butterfly〔'bʌtə,flaɪ〕*n.* 蝴蝶
valley〔'vælɪ〕*n.* 山谷　　catch〔kætʃ〕*v.* 抓
noise〔nɔɪz〕*n.* 噪音　　***make noise*** 製造噪音
shake〔ʃek〕*v.* 搖　　pick〔pɪk〕*v.* 摘
flower〔'flaʊə〕*n.* 花　　litter〔'lɪtə〕*v.* 亂丟垃圾
cellphone〔'sɛl,fon〕*n.* 手機 (= *cell phone*)

26. (**C**) 你可以在紫蝶谷做些什麼？

A. 製造聲音。

B. 抓蝴蝶。

C. 看蝴蝶。

快樂世界大拍賣

物品	以前	現在	物品	以前	現在
個人電腦	US$600	US$500	相機	US$300	US$250
冰箱	US$800	US$600	手機	US$200	US$150
印表機	US$100	US$70	電視	US$500	US$350

日期：7月1日～7月7日

營業時間：10:00～21:00（星期二～星期五）；9:30～22:00（週末）

* sale〔sel〕*n.* 拍賣　　item〔'aɪtəm〕*n.* 物品
before〔bɪ'fɔr〕*adv.* 以前　　**PC** 個人電腦（= *personal computer*）
camera〔'kæmərə〕*n.* 相機　　fridge〔frɪdʒ〕*n.* 冰箱（= *refrigerator*）
printer〔'prɪntɚ〕*n.* 印表機　　**TV** 電視（= *Television*）
date〔det〕*n.* 日期　　open〔'opən〕*adj.* 開放的；營業的
hours〔aʊrz〕*n. pl.*（營業）時間　　weekend〔'wik'ɛnd〕*n.* 週末

27.(**B**) 亨利買了一台相機和一支手機。他付了多少錢？

　　A. 500 美元。

　　B. 400 美元。

　　C. 250 美元。

　　* Henry〔'hɛnrɪ〕*n.* 亨利

> 　　一年有很多個假日。有一些假日永遠是在每年的特定日期，像是情人節、萬聖節，還有聖誕節。情人節是 2 月 14 日，萬聖節是 10 月 31 日，而聖誕節是 12 月 25 日。其他的假日則不是在每年固定的日期。舉例來說，母親節是五月的第二個禮拜天，而感恩節是十一月的第四個禮拜四。這很有趣，不是嗎？

* holiday〔ˈhɑləˌde〕*n.* 假日　　certain〔ˈsɝtn̩〕*adj.* 特定的
date〔det〕*n.* 日期
Valentine's Day〔ˈvæiənˌtaɪnz de〕*n.* 情人節
Halloween〔ˌhæloˈin〕*n.* 萬聖節
Christmas〔ˈkrɪsməs〕*n.* 聖誕節
fall〔fɔl〕*v.* 降臨；到來　　***fall on*** 適逢
fixed〔fɪkst〕*adj.* 固定的；不變的
for example 舉例來說
second〔ˈsɛkənd〕*adj.* 第二個　　fourth〔forθ〕*adj.* 第四個
interesting〔ˈɪntrɪstɪŋ〕*adj.* 有趣的

28. (**C**) 哪一個假日每年都在固定的日期？
   A. 母親節。
   B. 感恩節。
   C. <u>萬聖節。</u>

黃色洋裝

李珍妮特

瑪麗有一件黃色的洋裝

在百貨公司買的。

它看起來跟月亮一樣美麗,

而且像太陽一樣明亮。

瑪麗一天到晚都穿著它。

黃色的洋裝使人感覺很適合。

每一天從早到晚

我看見她穿著那件洋裝,看起來很亮眼。

「買一件黃色的洋裝給我,」

我對媽媽和爸爸哭求,

「又美麗又明亮

像是那個住附近的女孩擁有的一樣!」

我哭呀哭呀哭,

直到他們帶著難過的眼神說:

「我們需要給你妹妹食物,

還有衣服給你即將到來的弟弟。」

從此我學到了

瑪麗的黃色洋裝

還是幻想比較好

而不要去要求。

* dress〔drɛs〕*n.* 洋裝　　by〔baɪ〕*prep.* …寫的
Janet〔'dʒænɪt〕*n.* 珍妮特　　bought〔bɔt〕*v.* 買【buy 的過去式】
department store 百貨公司　　***as…as*** 跟…一樣
moon〔mun〕*n.* 月亮　　bright〔braɪt〕*adj.* 明亮的
sun〔sʌn〕*n.* 太陽　　wore〔'wɔr〕*v.* 穿【wear 的過去式】
all the time 總是；一直　　felt〔fɛlt〕*v.* 使人感覺【feel 的過去式】
right〔raɪt〕*adj.* 適當的；適合的　　near〔nɪr〕*adv.* 在附近
until〔ən'tɪl〕*conj.* 直到　　sad〔sæd〕*adj.* 悲傷的
clothes〔kloz〕*n. pl.* 衣服　　coming〔'kʌmɪŋ〕*adj.* 即將來臨的
since〔sɪns〕*prep.* 自從　　better〔'bɛtɚ〕*adj.* 比較好的
dream of 夢想　　***ask for*** 要求

29. (**A**) 關於珍妮特的父母，我們知道些什麼？

A. <u>他們正懷著第三個孩子。</u>
B. 他們都上全職的班。
C. 他們不喜歡寵壞自己的孩子。

* parents〔'pɛrənts〕*n. pl.* 父母
expecting〔ɪk'spɛktɪŋ〕*v.* 預期；懷孕【expect 的現在分詞】
third〔θɝd〕*adj.* 第三個　　full-time〔'fʊl'taɪm〕*adv.* 全職地
spoiling〔'spɔɪlɪŋ〕*v.* 寵壞【spoil 的動名詞】

尋狗啓示

我的狗，露西，在學校附近走失了。

她今年三歲。

她有棕色的短毛。

她可愛的鼻子是黑色的。

她有大大的耳朵、短短的腿，和長長的尾巴。

如果你找到她，請聯絡林小姐。

電話；02-2244-7799

手機：0911-775-663

電子信箱：lucydog@find.com

懸賞：NT$3,000

謝謝你的幫助！

* lost〔lɔst〕*adj.* 遺失的；行蹤不明的　　Lucy〔'lusɪ〕*n.* 露西
  brown〔braun〕*adj.* 棕色的　　hair〔hɛr〕*n.* 毛；頭髮
  cute〔kjut〕*adj.* 可愛的　　tail〔tel〕*n.* 尾巴
  contact〔'kɑntækt〕*v.* 和~連絡　　phone〔fon〕*n.* 電話
  cellphone〔'sɛl,fon〕*n.* 手機　　E-mail〔'i,mel〕*n.* 電子信箱
  reward〔rɪ'wɔrd〕*n.* 報酬；獎賞

30. (**A**)　我們知道關於露西的什麼事？

　　A. 她在學校附近走失了。

　　B. 她有長長的耳朵還有一條短短的尾巴。

　　C. 她的主人是林先生。

　　* owner〔'onə〕*n.* 主人

TEST 6 詳解

閱讀：是非題

1. (**Y**) 這是一個農場。
2. (**N**) 母牛正在休息。

       * farm〔farm〕*n.* 農場   cow〔kau〕*n.* 母牛
       rest〔rɛst〕*v.* 休息

3. (**Y**) 凱文坐在艾瑪對面。
4. (**Y**) 比爾坐在哈利後面。

       * Kevin〔'kɛvən〕*n.* 凱文   ***across from*** 在…對面
       Emma〔'ɛmə〕*n.* 艾瑪   Bill〔bɪl〕*n.* 比爾
       behind〔bɪ'haɪnd〕*prep.* 在…後面   Harry〔'hærɪ〕*n.* 哈利

5. (**Y**) 戴維斯女士正在喝一杯茶。

6. (**N**) 戴維斯女士待會會澆花。

> * Ms. 〔 mɪz 〕 *n.* …女士　　Davis 〔ˋdevɪs 〕 *n.* 戴維斯
>
> have 〔 hæv 〕 *v.* 喝　　tea 〔 ti 〕 *n.* 茶
>
> water 〔ˋwɔtɚ 〕 *v.* 替…澆水　　flower 〔ˋflaʊɚ 〕 *n.* 花
>
> later 〔ˋletɚ 〕 *adv.* 待會

7. (**Y**) 黃先生在床上。

8. (**N**) 黃太太是個醫生。

> * Huang 〔 hwɑŋ 〕 *n.* 黃　　***be in bed*** 在床上
>
> doctor 〔ˋdɑktɚ 〕 *n.* 醫生

一	二	三	四	五	六	日
8 August						1
2	3	4	5	6	⑦	8
9	10	11	12	13	14	15
16	17	18	19	20	21	22
23 30	24 31	25	26	27	28	29

9. (**Y**) 8月7日是一個特別的日子。

10. (**Y**) 8月有31天。

* special〔'spɛʃəl〕*adj.* 特別的

11. (**Y**) 吉姆三月會搭飛機去台灣。

12. (**N**) 吉姆四月會搭飛機去美國。

* fly〔flaɪ〕*v.* 搭飛機；飛　　Taiwan〔'taɪ'wɑn〕*n.* 台灣
  the US. 美國 (= *the United States*)

13. (**N**)　傑克正在下西洋棋。

14. (**N**)　魚正從水裡跳出來。

　　　　　* Jack〔dʒæk〕*n.* 傑克　　chess〔tʃɛs〕*n.* 西洋棋
　　　　　play chess 下西洋棋　　fish〔fɪʃ〕*n.* 魚
　　　　　jump〔dʒʌmp〕*v.* 跳

15. (**Y**)　莎拉喜歡彈鋼琴。

16. (**N**)　她通常在早上練習。

　　　　　* Sarah〔'sɛrə〕*n.* 莎拉　　piano〔pɪ'æno〕*n.* 鋼琴
　　　　　play the piano 彈鋼琴　　usually〔'juʒʊəlɪ〕*adv.* 通常
　　　　　practice〔'præktɪs〕*v.* 練習

	星期二	星期三	星期四	今　天
基隆	☁️🌧️	☁️🌧️	☁️🌧️	☁️🌧️
紐約	⛄	☁️	☁️🌧️	⛄
倫敦	☁️	☁️	☁️🌧️	☁️
高雄	☁️	☀️	☁️🌧️	☀️

17. (**Y**)　紐約今天很冷。

18. (**Y**)　高雄今天是晴朗的。

> * Keelung〔ˋkilʌŋ〕 *n.* 基隆　　New York〔ˋnuˋjɔrk〕 *n.* 紐約
> London〔ˋlʌndṇ〕 *n.* 倫敦　　Kaohsiung〔ˋgauˋʃɔŋ〕 *n.* 高雄
> cold〔kold〕 *adj.* 寒冷的　　sunny〔ˋsʌnɪ〕 *adj.* 晴朗的

星期日	星期一	星期二	星期三	星期四	星期五	星期六
	🏀		🏀			

19. (**Y**)　戴夫星期一跟星期三會打籃球。

20. (**Y**)　戴夫星期日不會打籃球。

> * Dave〔dev〕 *n.* 戴夫　　basketball〔ˋbæskɪt͵bɔl〕 *n.* 籃球

閱讀：選擇題

我是艾略特，一個 20 歲的學生。里歐是我的同學和室友。我們白天在學校一起讀英文、打籃球，和游泳。我們很喜歡我們的學校生活。下課後，我們會讀書、寫作，並閱讀短篇小說。禮拜天的時候，我們會在公園放風箏。我是一個很棒的作家，而里歐是一個很好的歌手。我們也會幫忙在歐泊旅館的孩子們。他們沒有父母，而且需要我們的幫忙。那邊的小孩，明明和丁丁，都會叫里歐「大英雄」。我很喜歡！他們叫我什麼呢？他們叫我「帥蛋」！「帥蛋」就是我新的短篇小說。哈哈！

* Eliot (ˈɛlɪət) *n.* 艾略特　　Leo (ˈlio) *n.* 里歐
classmate (ˈklæsˌmet) *n.* 同班同學
roommate (ˈrumˌmet) *n.* 室友
study (ˈstʌdɪ) *v.* 讀書　　swim (swɪm) *v.* 游泳
during (ˈdjʊrɪŋ) *prep.* 在…的期間　　life (laɪf) *n.* 生活
after school 放學後　　*short story* 短篇小說
kite (kaɪt) *n.* 風箏　　*fly a kite* 放風箏
park (pɑrk) *n.* 公園　　great (gret) *adj.* 很棒的
writer (ˈraɪtɚ) *n.* 作家　　singer (ˈsɪŋɚ) *n.* 歌手
kid (kɪd) *n.* 小孩　　inn (ɪn) *n.* 小旅館；客棧
Opal Inn 歐泊旅館　　parents (ˈpɛrənts) *n. pl.* 父母
need (nid) *v.* 需要　　Ming-Ming (ˈmɪŋ ˈmɪŋ) *n.* 明明
Ding-Ding (ˈdɪŋ ˈdɪŋ) *n.* 丁丁　　hero (ˈhɪro) *n.* 英雄
handsome (ˈhænsəm) *adj.* 英俊的　　egg (ɛg) *n.* 蛋
ha (hɑ) *interj.* 哈

21. (**A**) 里歐的綽號是什麼？

A. 大英雄。
B. 帥蛋。
C. 歐泊旅館小孩。

* nickname (ˈnɪkˌnem) *n.* 綽號

艾美在丹尼的店買了一些食物。這是她的收據。

丹尼的店		2015-4-19 13:30 No.356416
蘋果	5	NT$100
雞蛋	10	NT$89
魚	1	NT$119
雞肉	1	NT$85
咖啡	3	NT$75
牛奶	1	NT$70
柳橙汁	1	NT$70
飯	1	NT$125
香蕉	5	NT$60

總計		NT$793

* Amy (ˈemɪ) *n.* 艾美　　Denny (ˈdɛnɪ) *n.* 丹尼
receipt (rɪˈsit) *n.* 收據　　chicken (ˈtʃɪkən) *n.* 雞肉
coffee (ˈkɔfɪ) *n.* 咖啡　　orange juice (ˈɔrɪndʒ ˈdʒus) 柳橙汁
rice (raɪs) *n.* 飯　　bananas (bəˈnænæz) *n. pl.* 香蕉
total (ˈtotl̩) *n.* 總計

22. (**B**) 香蕉要多少錢？

    A. 每根 10 元。

    B. <u>每根 12 元。</u>

    C. 每根 15 元。

    * cost〔kɔst〕*v.* 花費；值（多少錢）   each〔itʃ〕*adv.* 每個

收件者：<u>pattylin@yahoo.com.tw</u>

寄件者：<u>davidlin@yahoo.com.tw</u>

主　題：<u>給媽媽的禮物</u>

日　期：<u>8 月 10 日，禮拜三</u>

親愛的派蒂：

    我打給妳很多次，但是妳都沒有回電話。下禮拜一是媽媽的生日，爸爸禮拜天晚上會幫她煮一頓豐盛的晚餐。所以禮拜天一定要回家吃晚餐。我計劃要幫媽媽買一支智慧型手機。她經常跟朋友去旅行。她可以用那支智慧型手機拍很多很棒的照片，然後寄給我們。我覺得這對她來說是一個很酷的禮物。我查了智慧型手機的價格，是台幣一萬元。我覺得妳可以跟我一起分攤費用。我付一半，你付另一半。你覺得呢？請儘快回電。禮拜天見！

                     愛妳的，

                     大衛

---

* subject〔'sʌbdʒɪkt〕*n.* 主題   gift〔ɡɪft〕*n.* 禮物

date〔det〕*n.* 日期   Patty〔'pætɪ〕*n.* 派蒂

time〔taɪm〕*n.* 次數　　***call sb. back*** 回某人電話
birthday〔'bɝθ,de〕*n.* 生日　　cook〔kʊk〕*v.* 煮
big〔bɪg〕*adj.* 豐盛的　　***be sure to*** 一定要
plan〔plæn〕*v.* 計畫；打算
smart phone〔'smɑrt 'fon〕*n.* 智慧型手機（= *smartphone*）
often〔'ɔfn〕*adv.* 經常　　travel〔'trævl̩〕*v.* 旅行
picture〔'pɪktʃɚ〕*n.* 照片　　***take a picture*** 拍照
send〔sɛnd〕*v.* 寄；傳　　cool〔kʊl〕*adj.* 酷的
check〔tʃɛk〕*v.* 檢查；查看　　price〔praɪs〕*n.* 價格
share〔ʃɛr〕*v.* 分享；分攤　　half〔hæf〕*pron.* 一半
the other half 另一半　　possible〔'pɑsəbl̩〕*adj.* 可能的
as…as possible 儘可能　　***as soon as possible*** 儘快

23. (**A**)　大衛要求派蒂做什麼？

　　A. 一起分攤一個禮物的費用。
　　B. 幫忙準備一餐。
　　C. 買一支新的智慧型手機。

　　* cost〔kɔst〕*n.* 費用　　prepare〔prɪ'pɛr〕*v.* 準備
　　　meal〔mil〕*n.* 一餐

以下是安迪週末的時間表。

星期六	星期天
7:00～12:00 從高雄搭火車到台北	9:00～12:00 搭公車去陽明山賞鳥
12:00～14:00 搭計程車去漢克的牛排館和我的朋友貝拉和亞當吃午餐	12:00～14:00 在山裡野餐
18:00～21:00 搭捷運到士林夜市	14:00～15:00 搭公車到台北車站
21:00 走路去亞當家	15:30 搭高鐵回家

　　* following〔'fɑloɪŋ〕*adj.* 以下的　　Andy〔'ændɪ〕*n.* 安迪
　　　weekend〔'wik'ɛnd〕*n.* 週末　　schedule〔'skɛdʒul〕*n.* 時間表

train〔tren〕 n. 火車　　Taipei〔'taɪ'pe〕 n. 台北
bus〔bʌs〕 n. 公車　　Yangmingshan〔'jɑŋmɪŋ'ʃæn〕 n. 陽明山
watch〔wɑtʃ〕 v. 觀賞　　Hank〔hæŋk〕 n. 漢克
steak〔stek〕 n. 牛排　　*steak house* 牛排館
taxi〔'tæksɪ〕 n. 計程車　　Bella〔'bɛlɑ〕 n. 貝拉
Adam〔'ædm̩〕 n. 亞當　　picnic〔'pɪknɪk〕 n. 野餐
mountain〔'maʊntn̩〕 n. 山　　*MRT* 捷運（= *Mass Rapid Transit*）
market〔'mɑrkɪt〕 n. 市場　　*Shilin Night Market* 士林夜市
station〔'steʃən〕 n. 車站　　high〔haɪ〕 adj. 高的
speed〔spid〕 n. 速度　　rail〔rel〕 n. 鐵路
Taiwan High Speed Rail 台灣高鐵

24. (**B**)　安迪禮拜六晚上會在哪裡過夜？

　　A. 在高雄。

　　B. 在亞當的家。

　　C. 在士林的一間飯店。

　　* spend〔spɛnd〕 v. 度過　　hotel〔ho'tɛl〕 n. 飯店

男孩：嗨，琴。妳要去哪裡？

女孩：哈囉，傑克。我跟諾拉要去公園。

男孩：為什麼？

女孩：我哥哥肯尼要和快樂高中進行一場重要的籃球比賽。

男孩：原來如此。

女孩：你何不跟我一起去？我知道籃球是你最喜愛的運動。

男孩：我想去，但是我不能。我必須和我弟弟山姆待在家裡。
　　　我爸媽今天下午不在家。

女孩：你可以帶他過去呀。

男孩：不行，他才三歲。他對籃球完全不懂。

女孩：好吧。我現在必須走了。比賽在 3 點 15 開始。

男孩：好的。再見。

女孩：再見。

---

* Jean〔dʒin〕*n.* 琴　　Nora〔'nɔrə〕*n.* 諾拉
Kenny〔'kɛnɪ〕*n.* 肯尼　　big〔bɪg〕*adj.* 重要的
game〔gem〕*n.* 比賽；遊戲　　against〔ə'gɛnst〕*prep.* 對抗
see〔si〕*v.* 知道；了解　　*why not* 你何不（= *why don't you*）
favorite〔'fevərɪt〕*adj.* 最喜愛的　　sport〔spɔrt〕*n.* 運動
Sam〔sæm〕*n.* 山姆　　understand〔ˌʌndə'stænd〕*v.* 了解
begin〔bɪ'gɪn〕*v.* 開始　　quarter〔'kwɔrtə〕*n.* 四分之一；十五分鐘
past〔pæst〕*prep.* 過了；超過　　*a quarter past three* 三點十五分
see you 再見

25. (**A**) 為什麼琴不帶山姆去公園？

　　A. 他太小了。
　　B. 他身體不舒服。
　　C. 他跟他的父母在一起。

　　* young〔jʌŋ〕*adj.* 年輕的；年幼的
　　well〔wɛl〕*adj.* 健康的

　　這禮拜五在麗莎的學校有一場英文演講比賽。麗莎班上有很多人都喜歡英文。他們都很用功讀書，並且說得很好。麗莎想要講得更好，所以她經常在練習。麗莎的老師要她參加演講比賽，因為麗莎講英文講得最好。

　　麗莎很期待比賽，但是她也非常緊張。她很害怕犯錯。很多人給麗莎建議。

　　「早一點去學校，妳就可以準備了，」麗莎的媽媽說。

　　「講清楚一點，大家就容易聽得到，」麗莎的老師說。

　　然而，最好的建議來自於麗莎的哥哥。

　　「別擔心犯錯。每個人有時候都會犯錯，」他說。「要努力，並且盡力而為。」

* speech〔spitʃ〕*n.* 演講　　contest〔ˈkɑntɛst〕*n.* 比賽
Lisa〔ˈlisə〕*n.* 麗莎　　***study hard*** 用功讀書
speak〔spik〕*v.* 說　　better〔ˈbɛtɚ〕*adv.* 更好
practice〔ˈpræktɪs〕*v.* 練習　　***a lot*** 常常
ask〔æsk〕*v.* 要求　　join〔dʒɔɪn〕*v.* 參加
excited〔ɪkˈsaɪtd〕*adj.* 興奮的；期待的
nervous〔ˈnɝvəs〕*adj.* 緊張
afraid〔əˈfred〕*adj.* 害怕的　　***be afraid of*** 害怕
mistake〔məˈstek〕*n.* 錯誤　　***make a mistake*** 犯錯
advice〔ədˈvaɪs〕*n.* 建議　　prepare〔prɪˈpɛr〕*v.* 準備
clearly〔ˈklɪrlɪ〕*adv.* 清楚地　　easily〔ˈizlɪ〕*adv.* 輕易地
however〔hauˈɛvɚ〕*adv.* 然而
worry〔ˈwɝɪ〕*v.* 擔心 *< about >*
sometimes〔ˈsʌmˌtaɪmz〕*adv.* 有時候
try hard 努力　　***do one's best*** 盡力

26. (**C**) 誰要麗莎參加演講比賽？

　　　A. 她的媽媽。

　　　B. 她的哥哥。

　　　C. 她的老師。

嗨，我是麗莎！我來自美國，而且我今年十三歲。我很愛棒球。從禮拜二到禮拜五，我都會花兩個小時跟我哥哥泰德一起打棒球。每天放學後，我都會跟瓊講電話。瓊是我的好朋友。她來自台灣。她有長長的黑色頭髮，還有大大的眼睛。她是一個漂亮的女孩！我特別喜歡她的小鼻子。她的鼻子很可愛！我週末也會跟瓊一起玩。禮拜六早上，我們都會一起吃早餐，然後去公園。我們會在那裡玩跳繩。禮拜天的時候，我們會去麥當勞吃午餐，但後她就會回家。吃完午餐後，我會去健身房，然後在那裡運動。我的表妹，艾美，也會在那裡。她很會游泳，我也是！

* Lisa〔ˋlisə〕*n.* 麗莎　　***come from*** 來自
America〔əˋmɛrɪkə〕*n.* 美國　　thirteen〔θɝˋtin〕*n.* 十三
baseball〔ˋbes͵bɔl〕*n.* 棒球　　Ted〔tɛd〕*n.* 泰德
talk on the phone 講電話　　Joan〔dʒon〕*n.* 瓊
pretty〔ˋprɪtɪ〕*adj.* 漂亮的　　especially〔əˋspɛʃəlɪ〕*adv.* 特別地；尤其
cute〔kjut〕*adj.* 可愛的　　weekend〔ˋwikˋɛnd〕*n.* 週末
have〔hæv〕*v.* 吃　　together〔təˋgɛðɚ〕*adv.* 一起
rope〔rop〕*n.* 繩子　　***jump rope*** 跳繩
McDonald's〔mækˋdɑnɔldz〕*n.* 麥當勞　　gym〔dʒɪm〕*n.* 健身房
exercise〔ˋɛksɚ͵saɪz〕*v.* 運動　　cousin〔ˋkʌzn〕*n.* 表（堂）兄弟姐妹
Amy〔ˋemɪ〕*n.* 艾美　　swimmer〔ˋswɪmɚ〕*n.* 游泳者

27. (**B**) 麗莎最喜歡她朋友瓊的哪一點？

　　A. 她的跳繩技巧。

　　B. 她的小鼻子。

　　C. 她的大眼睛。

　　* skill〔skɪl〕*n.* 技巧

給牠一個家

我的狗露露生了六隻小狗。

牠們一個月大。

牠們旣虛弱又可愛。

牠們很聰明。

牠們會成爲你最好的朋友。

牠們只需要：

一點點食物、你的愛，和一個溫暖的家。

現在該是不用付任何錢，就可以擁有牠們的時候了。

如果你想要一隻，請打 0900-123-456 給我。

我很開心可以接到你的電話。

凱薩琳

---

* Lulu〔'lulu〕*n.* 露露　　have〔hæv〕*v.* 生（小孩）
puppy〔'pʌpɪ〕*n.* 小狗　　month〔mʌnθ〕*n.* 月
weak〔wik〕*adj.* 虛弱的　　smart〔smɑrt〕*adj.* 聰明的
need〔nid〕*v.* 需要　　warm〔wɔrm〕*adj.* 溫暖的
it's time to V. 是該…的時候了
own〔on〕*v.* 擁有　　without〔wɪ'ðaʊt〕*prep.* 沒有；不（做）
pay〔pe〕*v.* 支付　　call〔kɔl〕*v.* 打電話給
phone call 電話　　Catherine〔'kæθərɪn〕*n.* 凱薩琳

28. (**B**) 如果你想要一隻小狗,你該怎麼做?

    A. 去動物收容所一趟。

    B. <u>打電話給凱薩琳。</u>

    C. 從寵物店買一隻。

    * visit〔'vɪzɪt〕v. 拜訪;去⋯一趟

      shelter〔'ʃɛltɚ〕n. 收容所;避難所   pet〔pɛt〕n. 寵物

好吃的披薩

    小披薩:$300   大披薩:$500

如果來店裡自取,就可以買大送小喔!

    可樂 $45   炸雞 $70

    柳橙汁 $60   蘋果派 $50

    綠茶 $20

電話:3938-3736

營業時間:星期二~星期天:早上 10:00~晚上 9:00

---

    * yummy〔'jʌmɪ〕adj. 好吃的   pizza〔'pitsə〕n. 披薩

      small〔smɔl〕adj. 小的   large〔lɑrdʒ〕adj. 大的

      free〔fri〕adj. 免費的   get〔gɛt〕v. 拿

      cola〔'kolə〕n. 可樂   fried〔fraɪd〕adj. 油炸的   ***fried chicken*** 炸雞

      orange〔'ɔrɪndʒ〕n. 柳橙   pie〔paɪ〕n. 派;餡餅   ***green tea*** 綠茶

      open〔'opən〕adj. 營業中的   hours〔aurz〕n. pl.(營業)時間

29.（**C**）下列何者不是披薩的配料？

    A. 雞肉。

    B. 魚。

    C. <u>柳橙汁。</u>

    * topping（ˈtɑpɪŋ）*n.* 配料

菜　單

咖啡..$150

橘子茶..$120

奶茶..$100

紅茶...$90

柳橙汁...$160

蘋果汁...$160

蘋果派、香蕉蛋糕、草莓蛋糕、雞肉三明治、

魚肉三明治...$80

下午茶組合（選一種飲料並包含全部甜點）............$275

---

    * menu（ˈmɛnju）*n.* 菜單　　coffee（ˈkɔfɪ）*n.* 咖啡　　***milk tea*** 奶茶
black tea 紅茶　　juice（dʒus）*n.* 果汁　　banana（bəˈnænə）*n.* 香蕉
strawberry（ˈstrɔˌbɛrɪ）*n.* 草莓　　sandwich（ˈsændwɪtʃ）*n.* 三明治
afternoon tea 下午茶　　set（sɛt）*n.* 組合　　choose（tʃuz）*v.* 選擇
drink（drɪŋk）*n.* 飲料　　dessert（dɪˈzɜt）*n.* 甜點

30.（**C**）什麼東西沒有包含在$275的下午茶組合？

    A. 蘋果派。

    B. 香蕉蛋糕。

    C. <u>雞肉三明治。</u>

    * include（ɪnˈklud）*v.* 包括

TEST 7 詳解

閱讀：是非題

1. (**Y**) 夏綠蒂彈吉他。
2. (**Y**) 她每天練習半小時。

  * Charlotte〔'ʃɑrlət〕*n.* 夏綠蒂 guitar〔gɪ'tɑr〕*n.* 吉他
  play the guitar 彈吉他 practice〔'præktɪs〕*v.* 練習
  half〔hæf〕*adj.* 一半的 hour〔aʊr〕*n.* 小時

3. (**Y**) 這是一堂數學課。
4. (**N**) 學生正在學英文。

  * math〔mæθ〕*n.* 數學

5. (**Y**)　艾薇最早起床。

6. (**N**)　吉兒最晚起床。

　　　　　* Amy〔'emɪ〕*n.* 艾美　　　Jill〔dʒɪl〕*n.* 吉兒　　　Ivy〔'aɪvɪ〕*n.* 艾薇
　　　　　get up 起床　　　earliest〔'ɜlɪəst〕*adv.* 最早的【early 的最高級】
　　　　　latest〔'letɪst〕*adv.* 最晚的【late 的最高級】

7. (**Y**)　這些建築物肩並肩地的靠在一起。

8. (**N**)　中間的建築物是一家 KTV。

　　　　　* building〔'bɪldɪŋ〕*n.* 建築物　　　stand〔stænd〕*v.* 站立；聳立
　　　　　side by side 肩並肩地　　　middle〔'mɪdḷ〕*adj.* 中間的

	星期六	星期日	星期一
傑克		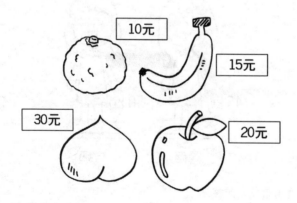	
瑪麗	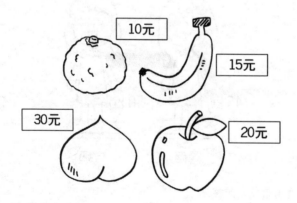		
蓋瑞			

9. (**Y**) 蓋瑞比傑克更常打羽毛球。

10. (**N**) 傑克比蓋瑞更常打棒球。

  * Jack〔dʒæk〕 *n.* 傑克   Gary〔ˈgɛrɪ〕 *n.* 蓋瑞
    badminton〔ˈbædmɪntən〕 *n.* 羽毛球
    often〔ˈɔfən〕 *adv.* 經常   baseball〔ˈbesˌbɔl〕 *n.* 棒球

11. (**N**) 一個蘋果要 30 元。

12. (**Y**) 一根香蕉要 15 元。

  * cost〔kɔst〕 *v.* 值（多少錢）   banana〔bəˈnænə〕 *n.* 香蕉

13. (**Y**) 電梯裡面有 10 位男士。
14. (**N**) 電梯在往下走。

      * elevator 〔ˈɛlɪˌvetə 〕 *n.* 電梯；升降梯   ***go down*** 下去；下降

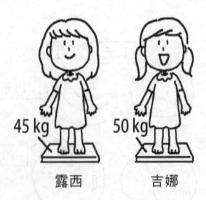

露西   吉娜

15. (**N**) 吉娜體重比露西輕。
16. (**Y**) 露西比吉娜輕百分之十。

      * Gina 〔ˈdʒinə 〕 *n.* 吉娜   weigh 〔 we 〕 *v.* 重~
      less 〔 lɛs 〕 *adv.* 較少   Lucy 〔ˈlusɪ 〕 *n.* 露西
      percent 〔 pəˈsɛnt 〕 *n.* 百分之…

17. (**Y**) 瓊安有兩隻狗。

18. (**Y**) 現在時間是六點。

    * Joanne〔dʒo'æn〕*n.* 瓊安

19. (**N**) 他們正在看電視。

20. (**Y**) 鮑伯在讀哈利波特的書。

    * Bob〔bab〕*n.* 鮑伯

    Harry Potter〔'hɛrɪ 'patɚ〕*n.* 哈利波特【英國作家 J.K. 羅琳的奇幻文學

   系列小說，描寫主角哈利波特在霍格華茲 7 年學習生活中的冒險故事】

閱讀：選擇題

　　每個人都有一個最喜愛的季節。我媽媽最喜歡的是秋天。她喜歡秋天一開始就去阿里山看樹。葉子全都會變成橘色、紅色以及黃色。真的好美。每年我們全家都會去那裡。我妹妹和我喜歡去那裡，因為我們可以在戶外奔跑和玩耍。我們真的很喜歡新鮮的空氣。我爸爸也喜歡去那裡，因為全家人可以在一起。我們通常搭爸爸的車去那裡。從我們家到那裡大約要四個小時。在路上，我們會聽音樂、講故事，和聊天。有時候，我們會覺得累，我媽媽、妹妹和我，就會在車上睡覺。但是我爸爸不能睡覺。他是司機！

* favorite (ˈfevərɪt) adj. 最喜愛的　　season (ˈsizn̩) n. 季節
  fall (fɔl) n. 秋天 (= autumn)　　Alishan (ˈɑlɪˈʃæn) n. 阿里山
  beginning (bɪˈɡɪnɪŋ) n. 開始　　leaves (ˈlivz) n. pl. 葉子
  turn (tɜn) v. 變成 (= become)　　orange (ˈɔrɪndʒ) adj. 橘色的
  beautiful (ˈbjutəfəl) adj. 美麗的　　whole (hol) adj. 全部的
  family (ˈfæmɪli) n. 家庭；家人　　outside (ˈaʊtˈsaɪd) adv. 在外面
  enjoy (ɪnˈdʒɔɪ) v. 享受；喜歡　　fresh (frɛʃ) adj. 新鮮的
  air (ɛr) n. 空氣　　together (təˈɡɛðə) adv. 一起
  usually (ˈjuʒʊəlɪ) adv. 通常　　take (tek) v. 需要
  on the way 在路上　　tired (taɪrd) adj. 疲倦的
  driver (ˈdraɪvə) n. 司機

21. (**A**) 這一家人多久去一次阿里山？

　　A. 一年一次。

　　B. 一年兩次。

　　C. 每兩個月。

* once (wʌns) adv. 一次　　twice (twaɪs) adv. 兩次
  every other month 每隔一個月；每兩個月

奶奶的廚房菜單

營業時間：　星期二～星期五　　11:00 a.m.～10:00 p.m.
　　　　　　星期六～星期天　　12:00 p.m.～12:00 a.m.

沙拉		主餐	
雞肉沙拉	NT$130	兩隻大蝦	NT$320
凱薩沙拉	NT$70	炸白魚	NT$300
水果沙拉	NT$120	炸雞	NT$310
		烤牛排	NT$290

甜點		飲料	
草莓蛋糕	NT$55	咖啡/茶（熱/冰）	NT$50
蘋果派	NT$45	柳橙汁	NT$60
布丁	NT$50	可樂	NT$50

湯			
蕃茄湯	NT$80	每日例湯	NT$50

（以上的價格不包含 10% 服務費）

◎ **超值午餐**（限星期二和星期五）

套餐 A

沙拉三選一，炸雞或魚，只要 **NT$430**

套餐 B

沙拉三選一，兩隻大蝦或烤牛排，只要 **NT$450**

＊所有超值午餐組合皆包含主餐、一杯湯，和一個飲料。

＊需要支付 10% 的服務費。

* granny〔ˋgrænɪ〕*n.* 奶奶　　kitchen〔ˋkɪtʃən〕*n.* 廚房
menu〔ˋmɛnu〕*n.* 菜單　　salad〔ˋsæləd〕*n.* 沙拉
main〔men〕*adj.* 主要的　　dish〔dɪʃ〕*n.* 菜餚
main dish 主餐　　Caesar〔ˋsizɚ〕*n.* 凱薩
double〔ˋdʌbḷ〕*adj.* 兩倍的　　shrimp〔ʃrɪmp〕*n.* 蝦子
fried〔fraɪd〕*adj.* 油炸的　　roasted〔ˋrostɪd〕*adj.* 烤的
steak〔stek〕*n.* 牛排　　dessert〔dɪˋzɝt〕*n.* 甜點
drink〔drɪŋk〕*n.* 飲料　　coffee〔ˋkɔfɪ〕*n.* 咖啡　　tea〔ti〕*n.* 茶
iced〔aɪst〕*adj.* 冰的　　pie〔paɪ〕*n.* 派；餡餅
juice〔dʒus〕*n.* 果汁　　pudding〔ˋpʊdɪŋ〕*n.* 布丁
cola〔ˋkolə〕*n.* 可樂　　soup〔sup〕*n.* 湯
tomato〔təˋmeto〕*n.* 蕃茄　　price〔praɪs〕*n.* 價格
above〔əˋbʌv〕*adv.* 在上面　　include〔ɪnˋklud〕*v.* 包含
service〔ˋsɝvɪs〕*n.* 服務　　charge〔tʃɑrdʒ〕*n.* 費用
value〔ˋvælu〕*n.* 價值　　***value lunch*** 超值午餐
set〔sɛt〕*n.* 組合　　choose〔tʃuz〕*v.* 選擇　　pay〔pe〕*v.* 支付

22.（ **C** ）套餐 B 的服務費是多少？

　　A. NT$35。

　　B. NT$43。

　　C. NT$45。

親愛的泰瑞：

　　我看到了你的成績，我不是很開心。等你爸爸回來，我們想要跟你談一談。你從學校回來後，記得倒垃圾。再來要澆花，以及做你的功課。別忘記告訴班今天晚上不要來。你需要做你的功課。不准玩電動遊戲或電腦遊戲。關於你的成績，你爸爸和我會看著辦。

　　　　　　　　　　　　　　今晚見，

　　　　　　　　　　　　　　媽媽

* Terry〔ˈtɛrɪ〕n. 泰瑞　　grade〔gred〕n. 成績
take out 把…拿出去　　trash〔træʃ〕n. 垃圾
water〔ˈwɔtɚ〕v. 替…澆水　　flower〔ˈflauɚ〕n. 花
homework〔ˈhom͵wɚk〕n. 功課
Ben〔bɛn〕n. 班　　**video game** 電動遊戲
do something 想想辦法；採取行動

23.(**C**) 泰瑞今晚會做什麼？
　　A. 打電動。
　　B. 和班一起做功課。
　　C. 跟他的爸媽談談。

親愛的賈斯汀：　　　　3 月 28 日

　　我的名字是凱莉・安德森，我是一個來自美國波士頓的十三歲女孩。我最喜愛的歌手是艾薇兒。我喜歡在睡覺前聽她的歌。

　　在我的空閒時，我喜歡跟我聰明的狗莉莉一起玩。她可以接飛盤。這個週末我們會參加一個動物比賽。希望上帝祝福我們。

　　你放學後喜歡做些什麼？我迫不及待要趕快收到你的來信。

凱莉

黃賈斯汀

台灣（中華民國）

832 高雄市林園區

林園南路 123 號

* Justin〔ˈdʒʌstɪn〕*n.* 賈斯汀　　Kelly〔ˈkɛlɪ〕*n.* 凱莉
Anderson〔ˈændəsən〕*n.* 安德森　　thirteen〔θɝˈtin〕*n.* 十三
Boston〔ˈbɑstən〕*n.* 波士頓　　favorite〔ˈfevərɪt〕*adj.* 最喜愛的
singer〔ˈsɪŋɚ〕*n.* 歌手　　***Avril Lavigne*** 艾薇兒
free〔fri〕*adj.* 空閒的　　***free time*** 空閒時間
smart〔smɑrt〕*adj.* 聰明的　　Lily〔ˈlɪlɪ〕*n.* 莉莉
catch〔kætʃ〕*v.* 接住　　Frisbee〔ˈfrɪzbi〕*n.* 飛盤
animal〔ˈænəml〕*n.* 動物　　contest〔ˈkɑntɛst〕*n.* 比賽
weekend〔ˈwikˈɛnd〕*n.* 週末　　may〔me〕*aux.* 願
bless〔blɛs〕*v.* 祝福　　***after school*** 放學後
hear form 收到…的來信　　Huang〔hwɑŋ〕*n.* 黃
Linyuan S. Road 林園南路　　district〔ˈdɪstrɪkt〕*n.* 區域
Kaohsiung〔ˈkɑʊˈʃɔŋ〕*n.* 高雄
R.O.C. 中華民國（= *Republic Of China*）

24. (**C**) 黃賈斯汀是誰？

    A. 凱莉最喜愛的歌手。

    B. 凱莉的同班同學。

    C. <u>凱莉的筆友。</u>

    * classmate〔ˈklæsˌmet〕*n.* 同班同學
      pal〔pæl〕*n.* 朋友　　***pen pal*** 筆友

    我出了個意外，傷到我的腿，然後我一個禮拜不能去學校。怎麼發生的？嗯，我騎車騎得很快，當時有一隻笨貓突然跑到街上。那隻貓沒事，我沒有撞到牠，但是我從我的腳踏車上摔了下來，然後我的腿傷得很嚴重。所以我唯一能做的，就是躺在床上休息。我下午打開了電視，但是我媽叫我把它關掉。她說我需要睡覺和休息，所以她把遙控器拿走了。但是沒事做真的很無聊，所以我開始看一些英文小說，我發現它們相當有趣。

我今天回學校了。我通常自己走路去上學，但是今天在下雨，所以我媽開車載我去。我的同學和老師都很高興我能夠回學校讀書。我也很開心。

* accident〔'æksədənt〕*n.* 意外　　hurt〔hɝt〕*v.* 使受傷
week〔wik〕*n.* 星期　　happen〔'hæpən〕*v.* 發生
well〔wɛl〕*interj.* 嗯　　ride〔raɪd〕*v.* 騎
stupid〔'stupɪd〕*adj.* 笨的
suddenly〔'sʌdn̩lɪ〕*adv.* 突然地
street〔strit〕*n.* 街道　　fine〔faɪn〕*adj.* 很好的
hit〔hɪt〕*v.* 撞上　　***fell off*** 從…掉下來
bike〔baɪk〕*n.* 腳踏車　　badly〔'bædlɪ〕*adv.* 嚴重地
all one can do is V. 某人所能做的就是～
lie〔laɪ〕*v.* 躺　　rest〔rɛst〕*v.* 休息
turn on 打開（電器）　　***take ~ away*** 拿走～
remote〔rɪ'mot〕*adj.* 遙遠的　　control〔kən'trol〕*n.* 控制
remote control 遙控器　　nothing〔'nʌθɪŋ〕*n.* 沒有東西
bored〔bɔrd〕*adj.* 覺得無聊的　　novel〔'nɑvl̩〕*n.* 小說
quite〔kwaɪt〕*adv.* 相當
interesting〔'ɪntərɪstɪŋ〕*adj.* 有趣的
by oneself 獨自
drove〔drov〕*v.* 開車載（某人）【drive 的過去式】
glad〔glæd〕*adj.* 高興的

25. (**C**) 那隻貓發生了什麼事？

A. 牠的腿受重傷。

B. 牠離家出走，然後迷路了。

C. 沒事。

* ***run away from home*** 離家出走
get lost 迷路（= *be lost*）

看看這個公告並回答問題。

寵物狗	辛蒂的狗	湯姆的狗	安迪的狗	瑪麗的狗
價格	NT$15,000	NT$30,000	NT$45,000	NT$20,000
顏色	白色	黃色	黑色	咖啡色
體型	小	中	大	中
體重	5公斤	10公斤	15公斤	10公斤
年齡	2歲	8個月	1歲	20個月

* ***look at*** 看看　　notice〔'notɪs〕n. 公告
answer〔'ænsɚ〕v. 回答　　question〔'kwɛstʃən〕n. 問題
pet〔pɛt〕n. 寵物　　adj. 作為寵物的
Cindy〔'sɪndɪ〕n. 辛蒂　　Andy〔'ændɪ〕n. 安迪
medium〔'midɪəm〕adj. 中等的　　large〔lɑrdʒ〕adj. 大的
weight〔wet〕n. 體重　　***kg*** 公斤 (= *kilogram*)
age〔edʒ〕n. 年齡　　month〔mʌnθ〕n. 月

26. (**A**) 誰的狗最小？

A. 辛蒂。
B. 湯姆。
C. 瑪麗。

* smallest〔'smɔlɪst〕adj. 最小的【small 的最高級】

自主學習

　　食物很重要。如果想要有強壯的身體，每個人都必須吃得好。我們的頭腦也需要一種食物。那就是知識。我們從很小的時候就開始得到知識。幼小的小孩喜歡觀察也喜歡聽。他們也喜歡看彩色圖片。當小孩長大時，他們會喜歡閱讀。他們喜歡學習各式各樣的事物。他們也很愛問問題，因為他們喜歡自己思考和取得知識。我們的頭腦，就像我們的身體一樣，都需要最好的食物。當我們自己得到知識時，我們就會喜歡學習。我們也會學到更多，而且了解得更清楚。

* **on one's own** 靠自己；獨自　　important〔ɪmˋpɔrtn̩t〕*adj.* 重要的
well〔wɛl〕*adv.* 良好地　　strong〔strɔŋ〕*adj.* 強壯的
mind〔maɪnd〕*n.* 頭腦　　kind〔kaɪnd〕*n.* 種類
knowledge〔ˋnɑlɪdʒ〕*n.* 知識　　young〔jʌŋ〕*adj.* 年輕的；年幼的
watch〔wɔtʃ〕*v.* 看；觀察　　listen〔ˋlɪsn̩〕*v.* 傾聽
look at 看看　　color〔ˋkʌlɚ〕*adj.* 彩色的
picture〔ˋpɪktʃɚ〕*n.* 圖片
older〔ˋoldɚ〕*adj.* 比較老的；年紀較大的【old 的比較級】
enjoy〔ɪnˋdʒɔɪ〕*v.* 喜歡；享受　　**all kinds of** 各式各樣的
always〔ˋɔlwez〕*adv.* 總是　　understand〔ˌʌndɚˋstænd〕*v.* 了解
better〔ˋbɛtɚ〕*adv.* 更好

27. (**A**) 為什麼小孩子喜歡問問題？

A. 他們很渴望獲得知識。

B. 他們喜歡惹大人生氣。

C. 他們覺得這樣他們的考試成績會比較好。

* kid〔kɪd〕*n.* 小孩　　**be hungry for** 渴望
annoy〔əˋnɔɪ〕*v.* 使生氣　　score〔skɔr〕*n.* 分數；成績

莉莉的書店　*週年拍賣！ 12 月 1 日～12 月 31 日		
項目	原價	週年拍賣
漫畫書	每本 NT$300	打 8 折
故事書	每本 NT$200	打 7 折
雜誌	每本 NT$150	打 8 折
字典	每本 NT$500	打 6 折
專輯	每張 NT$400	打 8 折
光碟	每片 NT$300	打 7 折
營業時間：星期二～星期天　　10:30 a.m.～10:00 p.m.		

* Lily〔ˈlɪlɪ〕n. 莉莉　　bookstore〔ˈbʊkˌstor〕n. 書店
anniversary〔ˌænəˈvɝsərɪ〕n. 週年紀念
sale〔sel〕n. 拍賣；特價　　item〔ˈaɪtəm〕n. 項目；物品
usual〔ˈjuʒʊəl〕adj. 平常的　　price〔praɪs〕n. 價格
comic〔ˈkɑmɪk〕adj. 漫畫的　　storybook〔ˈstorɪˌbʊk〕n. 故事書
magazine〔ˌmægəˈzin〕n. 雜誌　　dictionary〔ˈdɪkʃənˌɛrɪ〕n. 字典
album〔ˈælbəm〕n. 專輯　　CD n. 光牒　　*20% off* &打八折
30% off 打七折　　*40% off* 打六折

28.(**B**)　爲什麼莉莉的書店要舉行拍賣？

　　A. 爲了幫助窮人。

　　B. <u>爲了慶祝週年紀念日。</u>

　　C. 爲了回報顧客的忠誠。

* poor〔pʊr〕adj. 貧窮的　　celebrate〔ˈsɛləˌbret〕v. 慶祝
reward〔rɪˈwɔrd〕v. 回報　　customer〔ˈkʌstəmɚ〕n. 顧客
loyalty〔ˈlɔɪəltɪ〕n. 忠誠

世界紀錄保持人亞莎・曼德拉擁有最長的頭髮。她的頭髮比一台公車還要長。醫生警告她，重達 66 磅的頭髮可能會使她癱瘓。然而，亞莎・曼德拉說她絕對不會把它剪掉。她的頭髮留了 25 年。「我的頭髮已變成我的一部份。它是我的生命。我絕對不會剪它，」她說。要洗乾淨和弄乾她那跟小孩一樣重的，甚至濕的時候更重的頭髮，要花兩天的時間。她的頭髮也很容易卡在門上，或是草叢裡。她出門時，必須要把它包成像嬰兒背帶一樣圓圓的。

* record〔ˈrɛkəd〕*n.* 紀錄   holder〔ˈholdə〕*n.* 擁有者
  Asha Mandela〔ˈæʃə ˈmændɛlə〕*n.* 亞莎・曼德拉【金氏世界紀錄最長頭髮的女人】   longest〔ˈlɔŋəst〕*adj.* 最長的【long 的比較級】
  bus〔bʌs〕*n.* 公車   doctor〔ˈdɑktə〕*n.* 醫生
  warn〔wɔrn〕*v.* 警告   weigh〔we〕*v.* 重~
  pound〔paund〕*n.* 磅   paralyze〔ˈpærəlˌaɪz〕*v.* 使癱瘓
  however〔hauˈɛvə〕*adv.* 然而   never〔ˈnɛvə〕*adv.* 絕不
  cut〔kʌt〕*v.* 剪   grow〔gro〕*v.* 留（頭髮）；使生長
  become〔bɪˈkʌm〕*v.* 變成   part〔pɑrt〕*n.* 部份
  take〔tek〕*v.* 需要；花費   wash〔wɑʃ〕*v.* 清洗
  dry〔draɪ〕*v.* 使變乾   ***the same as*** 和…一樣
  even〔ˈivən〕*n.* 甚至   heavier〔ˈhɛvɪə〕*adj.* 更重的【heavy 的比較級】
  wet〔wɛt〕*adj.* 濕的   ***when wet*** 當濕的時候（= when it is wet）
  easily〔ˈizɪlɪ〕*adv.* 輕易地   trapped〔ˈtræpt〕*adj.* 困住的；卡住的
  bush〔buʃ〕*n.* 灌木叢   fold〔fold〕*v.* 摺；包圍；裏住
  round〔raund〕*adj.* 圓的   sling〔slɪŋ〕*n.* 背帶；吊帶
  leave〔liv〕*v.* 離開

29.（**A**） 要花多久的時間才可以把亞莎・曼德拉的頭髮洗乾淨和弄乾？

　　A. 兩天。

　　B. 66磅。

　　C. 25年。

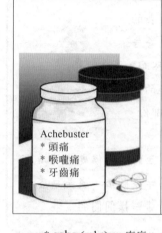

＜使用説明＞

＊12歲以上：每四小時2錠，一天三次

＊6至11歲：每六小時1錠，一天三次

＊6歲以下的兒童：請教醫生

＊餐後配溫開水服用

＊放置於陰涼乾燥處

* ache〔ek〕*n.* 疼痛　　buster〔'bʌstɚ〕*n.* 破壞者
　headache〔'hɛdˌek〕*n.* 頭痛　　sore〔sor〕*adj.* 疼痛的
　throat〔θrot〕*n.* 喉嚨　　***sore throat*** 喉嚨痛
　toothache〔'tuθˌek〕*n.* 牙痛
　directions〔də'rɛkʃənz〕*n. pl.* 指示；說明
　tablet〔'tæblɪt〕*n.* 藥片　　time〔taɪm〕*n.* 次數
　consult〔kən'sʌlt〕*v.* 請教　　take〔tek〕*v.* 服用
　warm〔wɔrm〕*adj.* 溫暖的　　meal〔mil〕*n.* 一餐
　keep〔kip〕*v.* 保存；保持　　cool〔kul〕*adj.* 涼爽的
　dry〔draɪ〕*adj.* 乾燥的

30. (**A**)　Achebuster 對什麼有效？

A. 頭痛。

B. 胃痛。

C. 腳抽筋。

* good〔gʊd〕*adj.* 有效的；適合的
　upset〔ʌp'sɛt〕*adj.* (胃)不舒服的　　stomach〔'stʌmək〕*n.* 胃
　leg〔lɛg〕*n.* 腿　　cramp〔kræmp〕*n.* 抽筋

TEST 8 詳解

閱讀：是非題

1. (**Y**) 他們在堆一個雪人。
2. (**Y**) 有三個男孩和一個雪人。

> * build〔bɪld〕*v.* 建造　　snowman〔'sno,mæn〕*n.* 雪人

登機證			
乘客姓名：陳山姆		台北到紐約	
班機	艙等	日期	時間
TK1025	經濟艙	5 月 19 日	13:10
登機門	登機時間	座位	抽菸
16	12:30	35B	NO

3. (**N**) 陳山姆將在 13:10 登機。
4. (**N**) 這班機會從 116 號登機門離開。

> * board〔bord〕*v.* 登（機）　　pass〔pæs〕*n.* 通行證
> ***boarding pass*** 登機證　　passenger〔'pæsṇdʒɚ〕*n.* 乘客
> Sam〔sæm〕*n.* 山姆　　Chen〔tʃɛn〕*n.* 陳
> New York〔nu'jɔrk〕紐約　　flight〔flaɪt〕*n.* 班機
> class〔klæs〕*n.* 等級【在此指「艙等」，Y class 是「經濟艙」，C class 是「商務艙」，F class 是「頭等艙」】　　date〔det〕*n.* 日期
> gate〔get〕*n.* 大門【在此指 boarding gate「登機門」】
> seat〔sit〕*n.* 座位　　smoke〔smok〕*v.* 抽菸
> plane〔plen〕*n.* 飛機　　leave〔liv〕*v.* 離開

5. (**Y**) 蒂娜和喬坐在長椅上。

6. (**Y**) 里歐在跟兔子玩。

　　　＊ Tina〔'tɪnə〕*n.* 蒂娜　　Joe〔dʒo〕*n.* 喬

　　　bench〔bɛntʃ〕*n.* 長椅

　　　Leo〔'lio〕*n.* 里歐　　rabbit〔'ræbɪt〕*n.* 兔子

他們週末會做什麼

	游泳	打網球	玩躲避球	溜直排輪	去上英文課
諾　拉	○	○		○	○
愛德華		○			
珊　妮	○			○	○
保　羅	○		○		○

7. (**Y**) 在週末諾拉是最活躍的。

8. (**Y**) 在週末愛德華是最不活躍的。

　　　＊ weekend〔'wik'ɛnd〕*n.* 週末　　swim〔swɪm〕*v.* 游泳

　　　tennis〔'tɛnɪs〕*n.* 網球　　dodge〔dɑdʒ〕*n* 閃避；躲避

　　　dodge ball〔'dɑdʒ 'bɔl〕*n.* 躲避球

　　　roller-skate〔'rolə,sket〕*v.* 溜直排輪

Nora〔'nɔrə〕*n.* 諾拉　　Edward〔'ɛdwəd〕*n.* 愛德華
Sunny〔'sʌnɪ〕*n.* 珊妮　　Paul〔pɔl〕*n.* 保羅
active〔'æktɪv〕*adj.* 活躍的　　least〔list〕*adv.* 最不

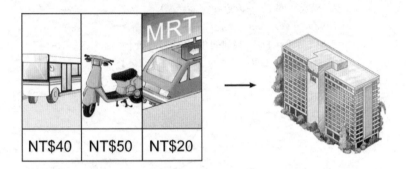

9. (**Y**)　捷運是到達飯店最便宜的交通方式。

10. (**Y**)　搭公車到飯店要台幣 40 元。

　　* ***MRT*** 捷運 (= *Mass Rapid Transit*)
　　cheapest〔'tʃipɪst〕*adj.* 最便宜的【cheap 的最高級】
　　form〔fɔrm〕*n.* 形式　　transportation〔ˌtrænspə'teʃən〕*n.* 交通工具
　　hotel〔ho'tɛl〕*n.* 飯店　　cost〔kɔst〕*v.* 花費

	台 北	台 中	花 蓮	高 雄
星期五	24℃	25℃	21℃	27℃
星期六	22℃	20℃	26℃	29℃
星期日	17℃	28℃	28℃	30℃

11. (**Y**) 高雄一直是最熱的。

12. (**N**) 台北一直是最涼快的。

　　　　* Taipei〔'taɪ'pe〕*n.* 台北　　　Taichung〔'taɪ'tʃʌŋ〕*n.* 台中
　　　　Hualien〔'huɑ'lɪɛn〕*n.* 花蓮　　　Kaohsiung〔'kɑʊ'ʃɔŋ〕*n.* 高雄
　　　　~°C 攝氏~度 (= ~*degrees Celsius*)
　　　　always〔'ɔlwɛz〕*adv.* 總是；一直
　　　　hottest〔'hɑtɪst〕*adj.* 最熱的【hot 的最高級】
　　　　coolest〔'kulɪst〕*adj.* 最涼的【cool 的最高級】

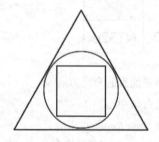

13. (**Y**) 正方形在圓形裡面。

14. (**Y**) 圓形在三角形裡面。

　　　　* square〔skwɛr〕*n.* 正方形　　　inside〔ɪn'saɪd〕*prep.* 在…的裡面
　　　　circle〔'sɝkḷ〕*n.* 圓形　　　triangle〔'traɪ'æŋgḷ〕*n.* 三角形

15. (**Y**) 比爾會讀兩個小時的書。

16. (**N**) 比爾從來不在圖書館讀書。

　　　　* Bill〔bɪl〕 n. 比爾　　never〔'nɛvɚ〕 adv. 從不
　　　　library〔'laɪ,bɛrɪ〕 n. 圖書館

17. (**Y**) 禁止食物與飲料。

18. (**N**) 禁止使用相機。

　　　　* drink〔drɪŋk〕 n. 飲料
　　　　allowed〔ə'laʊd〕 v. 允許【allow 的過去分詞】
　　　　camera〔'kæmərə〕 n. 相機

　　　　星期一　　　　　　　星期五

19. (**Y**) 丹星期一會看電視。

20. (**Y**) 丹星期五會做些運動。

　　　　* Dan〔dæn〕 n. 丹　　exercise〔'ɛksɚ,saɪz〕 n. 運動

閱讀：選擇題

這是一間博物館。有一些規定學生必須遵守。

該做的
排隊。
注意牆上的告示。
在放映室裡將手機關閉。
玩得開心。

不該做的
不要吃東西。
不要拍照。
不要碰任何東西。
不要大聲喧嘩。

* museum〔mju'ziəm〕*n.* 博物館　　rule〔rul〕*n.* 規則；規定
follow〔'falo〕*v.* 遵守　　wait〔wet〕*v.* 等待　　line〔laɪn〕*n.* 隊伍
wait in line 排隊等候　　notice〔'notɪs〕*v.* 注意
sign〔saɪn〕*n.* 告示　　wall〔wɔl〕*n.* 牆壁　　**turn off** 關掉（電源）
cellphone〔'sɛl,fon〕*n.* 手機　　film〔fɪlm〕*n.* 影片
take a picture 拍照　　touch〔tʌtʃ〕*v.* 碰觸
anything〔'ɛnɪ,θɪŋ〕*n.* 任何東西　　loud〔laud〕*adj.* 大聲的
voice〔vɔɪs〕*n.* 聲音

21. (**A**)　在博物館裡可以做什麼？

　　A. 玩得開心。
　　B. 吃東西。
　　C. 拍照。
　　* OK〔'o'ke〕*adj.* 可以的；沒問題（= O.K.）

沃克太太有一個兒子。他的名字叫哈利。他四歲的時候，他有一台兒童用的腳踏車。那台腳踏車是紅白相間的。然後哈利有好長一段時間沒有腳踏車。現在他十二歲了，他想要一台腳踏車。沃克太太每天都開車去上班，她會載哈利去學校，放學時再載他回家。他的學校在鎮上的一邊，而沃克太太的辦公室在另一邊。

有一天，哈利告訴他媽媽：「我有很多朋友都有腳踏車，而且他們會騎車去上學。他們的媽媽不需要載他們去學校，又載他們回家。」但是他媽媽又說：「等等，哈利。你爸爸跟我最近會幫你買一台不錯的腳踏車。」

然後昨天沃克太太在紅燈的時候停車，看著哈利。「哈利，在我買一台腳踏車給你之前，我想要問你一件事。現在，你看看那些紅綠燈。你知道它們的意思嗎？」「喔，是的，我知道！」哈利開心地說。「紅燈是『停』，綠燈是『行』，而黃燈則是『快速通過』。」

---

* Mrs. (ˈmɪsɪz) *n.* …太太　　Walker (ˈwɔkɚ) *n.* 沃克

son (sʌn) *n.* 兒子　　Harry (ˈhɛrɪ) *n.* 哈利

bike (baɪk) *adj.* 腳踏車　　bicycle (ˈbaɪsɪkl̩) *n.* 腳踏車

bring (brɪŋ) *v.* 帶　　back (bæk) *adv.* 回來

after school 放學後　　side (saɪd) *n.* 一邊

town (taʊn) *n.* 城鎮　　office (ˈɔfɪs) *n.* 辦公室

the other side 另一邊　　*one day* 有一天

ride (raɪd) *v.* 騎　　nice (naɪs) *adj.* 好的

soon (sun) *adv.* 很快　　then (ðɛn) *adv.* 然後

before (bɪˈfɔr) *conj.* 在…之前　　traffic (ˈtræfɪk) *n.* 交通

traffic lights 交通號誌燈；紅綠燈　　meaning (ˈminɪŋ) *n.* 意思

happily (ˈhæpɪlɪ) *adv.* 開心地　　quickly (ˈkwɪklɪ) *adv.* 很快地

22.(**A**) 哈利知道紅綠燈的意思嗎？

        A. <u>是的，他知道。</u>

        B. 不，他不知道。

        C. 他只知道紅色和綠色的。

歡迎來到快樂國中！

這裡有一些在學校運動的規定！

1. 運動場每個星期一至五開放時間為下午五點半到晚上八點，週末開放時間為下午三點到晚上七點。

2. 運動場禁止攜帶食物及飲料。

3. 只能用來慢跑、走路，以及跳舞。

4. 若要打棒球，請提前一個禮拜繳交申請書。

5. 運動場禁止攜帶寵物。

6. 籃球也是可以的。

---

* welcome〔ˈwɛlkəm〕*interj.* 歡迎   ***junior high school*** 國中
enjoy〔ɪnˈdʒɔɪ〕*v.* 享受   sport〔sport〕*n.* 運動
playground〔ˈpleˌɡraʊnd〕*n.*（學校的）運動場
weekend〔ˈwikˈɛnd〕*n.* 周末   jogging〔ˈdʒɑɡɪŋ〕*n.* 慢跑
walking〔ˈwɔkɪŋ〕*n.* 走路   dancing〔ˈdænsɪŋ〕*n.* 跳舞
only〔ˈonlɪ〕*adv.* 僅僅   baseball〔ˈbesˌbɔl〕*n.* 棒球
send〔sɛnd〕*v.* 寄；送；把⋯送出去
application〔ˌæpləˈkeʃən〕*n.* 申請書
one week before 一個禮拜前   pet〔pɛt〕*n.* 寵物
basketball〔ˈbaskɪtˌbɔl〕*n.* 籃球
possible〔ˈpɑsəbl〕*adj.* 可能的；能做的

23. (**A**) 週末運動場什麼時候會關閉？

    A. <u>晚上七點。</u>

    B. 晚上八點。

    C. 晚上九點。

    樹是地球上最古老的生物。樹可以活超過三千年。事實上，在二十世紀初，台灣到處都有很大顆的老樹。在阿里山，有超過三十萬顆長得很好的樹。有一些超過 12 公尺高和 10 公尺粗。

    因為它們又大又老，人們為了向它們表示敬重，而稱它們為「神木」。其中有一些甚至在兩千年前就存在了。

    很遺憾的是，人們在找到這些大樹後，為了取得木材而開始砍掉它們。在幾十年當中，這些樹大部分都不見了。最近我們終於學會要保護最後這些稀少的大樹。我們希望我們的子孫仍然可以看見它們高高地聳立著。

---

* tree〔tri〕*n.* 樹   oldest〔'oldɪst〕*adj.* 最老的【old 的最高級】

living〔'lɪvɪŋ〕*adj.* 活的   ***living thing*** 生物

Earth〔ɝθ〕*n.* 地球   ***more than*** 超過

in fact 事實上   early〔'ɝlɪ〕*adj.* 初期的

twentieth〔'twɛntɪθ〕*adj.* 第二十個   century〔'sɛntʃərɪ〕*n.* 世紀

in the early twentieth century 在二十世紀初

everywhere〔'ɛvrɪˌhwɛr〕*adv.* 到處

Alishan〔'ɑlɪˈʃæn〕*n.* 阿里山   well〔wɛl〕*adv.* 良好地

taller〔'tɔlɚ〕*adj.* 比較高的【tall 的比較級】   meter〔'mitɚ〕*n.* 公尺

thicker〔'θɪkɚ〕*adj.* 比較粗的【thick 的比較級】

show〔ʃo〕v. 顯示;表現　　respect〔rɪ'spɛkt〕n. 尊敬;敬意

call〔kɔl〕v. 稱呼;叫　　*God tree* 神木

sadly〔'sædlɪ〕adv. 很遺憾地　　*cut down* 砍伐

wood〔wʊd〕n. 木材　　decade〔'dɛked〕n. 十年

gone〔gɔn〕adj. 不見的　　*these days* 最近

finally〔'faɪnl̩ɪ〕adv. 終於　　protect〔prə'tɛkt〕v. 保護

few〔fju〕adj. 少數的　　grandchildren〔'græn,tʃɪldrən〕n. pl. 孫子

stand〔stænd〕v. 站　　tall〔tɔl〕adv. 昂然

stand tall 昂然起立;高高地矗立著

24.（**A**）那些大顆的老樹後來怎麼了?

　　A. 它們被砍來做木材。

　　B. 它們生病了。

　　C. 他們在大火中被燒掉了。

　　* happen〔'hæpən〕v. 發生　　sick〔sɪk〕adj. 生病的
　　　burn〔bɜn〕v. 燃燒　　fire〔faɪr〕n. 火;火災

這是一間大廚房。我聞到很香的東西。喔,那裡有一些咖啡,而且桌上也有一些蛋糕。桌子底下有一隻狗在睡覺。在牠旁邊,有一隻貓在喝牛奶。媽媽要進來廚房了。接著她會坐在桌子旁邊,喝桌上的那杯咖啡。

---

　　* kitchen〔'kɪtʃən〕n. 廚房　　smell〔smɛl〕v. 聞到
　　coffee〔'kɔfɪ〕n. 咖啡　　cake〔kek〕n. 蛋糕
　　table〔'tebl̩〕n. 桌子　　under〔'ʌndɚ〕prep. 在⋯下面
　　next to 在⋯旁邊　　milk〔mɪlk〕n. 牛奶
　　at〔æt〕prep. 在⋯旁邊;在⋯附近

25. (**B**) 哪一張圖片是正確的？

A.

B.

C.

* picture〔'pɪktʃɚ〕*n.* 圖片　　right〔raɪt〕*adj.* 正確的

現在是早上。傑瑞‧格林在公園。他在跟他的朋友羅伊‧賈伯斯打籃球。傑瑞的妹妹，梅，跟她的爺爺正在唱歌而且大笑。

現在是下午。傑瑞跟他的家人在班叔叔的農場。那裡有許多漂亮的農場動物。梅在畫兔子。她最喜愛牠們。而傑瑞在騎馬。他們的父母在一棵大樹下談話，而他們的祖父母正在樹附近餵猴子。

現在是傍晚。格林一家人現在在家。他們正在開派對。他們非常開心。

---

* Jerry〔'dʒɛrɪ〕*n.* 傑瑞　　Green〔grin〕*n.* 格林
　park〔pɑrk〕*n.* 公園　　basketball〔'bæskɪt,bɔl〕*n.* 籃球

Roy〔rɔɪ〕*n.* 羅伊　　Jobs〔dʒɑbz〕*n.* 賈伯斯

May〔me〕*n.* 梅　　grandpa〔'grændpɑ〕*n.* 爺爺

laugh〔læf〕*v.* 笑　　uncle〔'ʌŋkl̩〕*n.* 叔叔

Ben〔bɛn〕*n.* 班　　farm〔fɑrm〕*n.* 農場

pretty〔'prɪtɪ〕*adj.* 漂亮的　　animal〔'ænəml̩〕*n.* 動物

draw〔drɔ〕*v.* 畫　　favorite〔'fevərɪt〕*n.* 最喜愛的人或物

ride〔raɪd〕*v.* 騎　　horse〔hɔrs〕*n.* 馬

parents〔'pɛrənts〕*n. pl.* 父母

grandparents〔'grænd,pɛrənts〕*n. pl.* 祖父母　　feed〔fid〕*v.* 餵

monkey〔'mʌŋkɪ〕*n.* 猴子　　near〔nɪr〕*prep.* 在…附近

party〔'pɑrtɪ〕*n.* 派對　　***have a party*** 舉行派對

26. (**A**)　誰擁有農場？

A. 班叔叔。

B. 爺爺。

C. 羅伊‧賈伯斯。

* own〔on〕*v.* 擁有

你問我我是一個怎麼樣的人。

我會說出我的想法，

大聲得像一個憤怒的女王一樣；

我會很低調，

安靜得像是一棵冬天的樹。

我很興奮，

像是一隻跳躍的兔子一樣快樂；

我很無聊，

感覺像是一條死魚。

我是一個怎麼樣的人？

誰知道？

我以不同的面貌生活，

就像大家一樣。

* kind〔kaɪnd〕*n.* 種類　　person〔'pɝsn̩〕*n.* 人
speak〔spik〕*v.* 說話　　***speak out*** 說出來
loud〔laʊd〕*adv.* 大聲地　　angry〔'æŋgrɪ〕*adj.* 生氣的
queen〔kwin〕*n.* 女王；皇后　　stay〔ste〕*v.* 保持
low〔lo〕*adj.* 低的；低調的　　quiet〔'kwaɪət〕*adj.* 安靜的
winter〔'wɪntɚ〕*n.* 冬天　　excited〔ɪk'saɪtɪd〕*adj.* 興奮的
as…as 像是…一樣　　jump〔dʒʌmp〕*v.* 跳
bored〔bord〕*adj.* 覺得無聊的　　dead〔dɛd〕*adj.* 死掉的
live〔lɪv〕*v.* 生活；活著　　wear〔wɛr〕*v.* 穿；戴；表露
different〔'dɪfrənt〕*adj.* 不一樣的　　face〔fes〕*n.* 臉；面貌
wear different faces 以不同的面貌出現

27. (**A**) 下列關於作者何者正確？

A. 她的心情很容易改變。

B. 她通常會覺得無聊。

C. 她總是很快樂。

* true〔tru〕*adj.* 真實的　　author〔'ɔθɚ〕*n.* 作者
mood〔mud〕*n.* 心情
changeable〔'tʃendʒəbl̩〕*adj.* 善變的；反覆無常的
usually〔'juʒʊlɪ〕*adv.* 通常

杰要從他家去漁人碼頭。有三種方式可以讓他到那裡。

選擇1		
公車到台北車站	$20	30分鐘
→ 捷運 從台北車站到淡水	$55	40分鐘
→ 公車 到漁人碼頭	$15	20分鐘
選擇2		
計程車 到新埔捷運站	$100	10分鐘
→ 捷運 從新埔到淡水	$65	60分鐘
→ 船 到漁人碼頭	$120	10分鐘
選擇3		
公車 到淡水	$50	110分鐘
→ 走路 到漁人碼頭	$0	45分鐘

* Jay〔dʒe〕*n.* 杰　　fisherman〔'fɪʃəmən〕*n.* 漁夫；漁人
wharf〔hwɑrf〕*n.* 碼頭　　***Fisherman's Wharf*** 漁人碼頭
option〔'ɑpʃən〕*n.* 選擇　　bus〔bʌs〕*n.* 公車
Taipei Main Station 台北車站　　Danshui〔'dænʃue〕*n.* 淡水
taxi〔'tæksɪ〕*n.* 計程車　　Xinpu〔'ʃɪnpu〕*n.* 新埔
MRT 捷運（= *Mass Rapid Transit*）　　boat〔bot〕*n.* 船

28. (**B**) 哪一個選擇是最快的？

　　A. 選擇1。

　　B. 選擇2。

　　C. 選擇3。

　　* fastest〔'fæstɪst〕*adj.* 最快的【fast 的最高級】

　　吳先生和吳太太很忙碌，所以他們的三個小孩會幫他們做家事。席拉十八歲，她必須照顧莎莉和珊迪。她喜歡跟她的妹妹們講故事。九點十五時莎莉會拖地，並幫植物澆水。四點十分的時候，珊迪會去公園遛狗。五點的時候，她們也會練習唱歌，然後一起幫她們的父母做晚餐。雖然這三個女孩又累又忙，她們還是會跟父母說「我愛你」。真是一個甜蜜的家庭。

* Mr. (ˋmɪstɚ) n. …先生　　Mrs. (ˋmɪsɪs) n. …太太
　 Wu (wu) n. 吳　　busy (ˋbɪzɪ) adj. 忙碌的
　 housework (ˋhaʊs͵wɝk) n. 家事
　 Sheila (ˋʃilə) n. 席拉　　*take care of* 照顧
　 Sally (ˋsælɪ) n. 莎莉　　Sandy (ˋsændɪ) n. 珊迪
　 mop (mɑp) v. 拖 (地)　　floor (flor) n. 地板
　 water (ˋwɔtɚ) v. 替…澆水　　plant (plænt) n. 植物
　 walk (wɔk) v. 讓…走路；遛 (狗)
　 walk the dog 遛狗　　park (pɑrk) n. 公園
　 at four ten 在四點十分　　practice (ˋpræktɪs) v. 練習
　 dinner (ˋdɪnɚ) n. 晚餐　　together (təˋgɛðɚ) adv. 一起
　 though (ðo) conj. 雖然　　tired (taɪrd) adj. 疲累的
　 sweet (swit) adj. 甜蜜的

29.(**B**) 誰負責拖地？

　　A. 席拉。

　　B. 莎莉。

　　C. 珊迪。

梅的診所	
姓名：李慧華	日期：2018/7/2
身分證字號：A123456789	爲期： 3 天

使用說明　☑ 三餐飯前服用一劑
　　　　　 ☐ 三餐飯後服用一劑
　　　　　 ☑ 睡前服用一劑
　　　　　 ☐ 早　☐ 中　☐ 晚
　　　　　 （再服用一劑）
　　　　　 ☑ 發燒時服用一劑
　　　　　 ☑ 配溫開水服用

時間：星期一～星期六
地址：高雄復興二路 170 號
（星期天與例假日休診）
電話：(07) 6412059
- 09:00 A.M.～12:00 P.M.
- 03:00 P.M.～05:00 P.M.
- 07:00 P.M.～09:00 P.M

* clinic（'klınık）*n.* 診所
ID *n.* 身分證（= identification（aıˌdɛntəfə'keʃən）*n.* 身分證）
ID No. 身分證字號（= *Identification Number*）
directions（də'rɛkʃənz）*n. pl.* 指示；說明　　take（tek）*v.* 服用
dose（dos）*n.*（藥的）一劑　　meal（mil）*n.* 一餐
after（'æftə）*prep.* 在…之後　　noon（nun）*n.* 中午
fever（'fivə）*n.* 發燒　　***have a fever*** 發燒
medicine（'mɛdəsn）*n.* 藥　　warm（wɔrm）*adj.* 溫的
address（'ædrɛs）*n.* 地址　　close（klos）*adj.* 關閉的
holiday（'hɑləˌde）*n.* 假日　　telephone（'tɛləˌfon）*n.* 電話

30.（**A**）藥應該要怎麼吃？

　　A. 配溫水。　　　B. 空腹吃。　　　C. 使用乾淨的針頭。

　　* empty（'ɛmptı）*adj.* 空的　　stomach（'stʌmək）*n.* 胃
　　　clean（klin）*adj.* 乾淨的　　needle（'nidl）*n.* 針；注射針；針頭

編者的話

親愛的讀者：

　　現在學英文非常簡單，用手機就可以學了。我50多年教學的精華，都會在「快手」和「抖音」中播放，歡迎大家模仿我。在課堂上，教我「快手」和「抖音」上的作品，馬上變成名師，學生會愈來愈多，也歡迎在線上模仿我，期待青出於藍而勝於藍！用我研發的教材，最安全，經過層層的校對。一定要學從美國人嘴巴裡說出來的話，而且自己每天也能脫口而出。

　　學會話的方法是：一口氣說三句，我們要背，就背最好的，例如：「由你決定。」最好的三句英文是：You're the boss. 字面的意思是「你是老闆。」You call the shots.（你發號施令，我開槍射擊。）Your wish is my command.（你的希望就是你給我的命令。）當你一口氣說這三句幽默的話，任何人都會佩服你。我花費了好幾年的功夫，才把這三句話累積在一起，人人愛聽！

　　英文不使用，就會忘記！「使用、使用、再使用」，教自己「背過」、「使用過的」句子，有靈魂、有魅力，是上網教學的最高境界！網路上，有網路紅人亂造句子，亂說一通，太可怕了！期待他盡快撤下來。人最怕「吃錯藥」、「學錯東西」。

「英文三句金」一口氣說三句，特別好聽

「快手」和「抖音」是大陸的兩個大平台，有80多萬中外英文老師在發表作品，我每天上午和下午各發表一次。如果「作品」不被人接受，馬上就會被淘汰。

以前，我從來沒有想到，會有這個機會，把我50多年來上課的精華，在手機上發表。過去大家用文法自行造句、自行寫文章，太可怕了！我們問過100多位英文老師：「這裡是哪裡？」大家都翻成：*Where is here?* (誤)應該是：Where am I? 或 Where are we? 才對。同樣地，「我喜歡這裡。」不能說成 *I like here.* (誤)要說：I like it here. 才正確。這種例子不勝枚舉！結論：背極短句最安全。

我們發明「英文三句金」，一口氣說三句，創造了優美的語言，說出來特別好聽。說一句話沒有感情，一口氣說：I like it here. I love it here. This is my kind of place. (我喜歡這裡。我愛這裡。這是我喜歡的地方。)三句話綁在一起，隨口就可說出，多麼令人感到溫暖啊！

今天鍾藏政董事長傳來好消息，我在「快手」上的粉絲即將超過200萬人了。感謝「小芝」充當攝影師，感謝「北京101名師工廠」讓我一輩子的心血，能夠發光發亮，「劉毅英文」全體的努力當然功不可沒。我們一定要持續努力，來感謝大家的支持。

讓我們幫助你成為說英文高手

　　「完美英語會話寶典」已經出版！一切以「記憶」和「實用性」為最優先。以三句為一組，一開口，就是三句話，說出來非常熱情，有溫度。

　　例如：你已經會說："Thank you." 「英文三句金」教你："Thank you. I appreciate it. I owe you."（謝謝你。我很感謝。我虧欠你。）我們不只在學英文，還在學「口才」，每天說好聽的話，人見人愛。

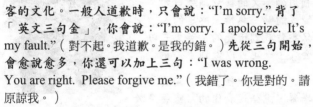

　　又如："It's my treat. It's on me. Let me pay."（我請客。我請客。讓我來付錢。）學英文不忘發揚中國人好客的文化。一般人道歉時，只會說："I'm sorry." 背了「英文三句金」，你會說："I'm sorry. I apologize. It's my fault."（對不起。我道歉。是我的錯。）先從三句開始，會愈說愈多，你還可以加上三句："I was wrong. You are right. Please forgive me."（我錯了。你是對的。請原諒我。）

　　「完美英語」先在「快手」和「抖音」上教，大家可以在「手機」上免費學。我受益很多，期待分享給所有人！

下載「快手」及「抖音」，免費學「完美英語」

原來，「說一口流利的英語」是最漂亮的衣服、成功的象徵（a sign of success），苦練出來的英文最美。（The most beautiful English is learned through hard work.）

現在，用我們新發明的「完美英語會話寶典」，靠手機APP「快手」及「抖音」就可以輕鬆背好，一口氣說出來，很有信心。例如，一般美國人再見時多說："Bye!" 我們會說："See you soon. See you around. Have a good one."（待會見。回頭見。祝你有美好的一天。）中文要改變語言不容易，但是利用學英文的機會訓練口才，變成體貼、熱情、感恩的人，只要背我們研發的「英文三句金」，一定可以做到！

說話是一種藝術，需要認真學習，說話代表你的「修養、教育、人品」。叫別人不要遲到，不要說："Don't be late. Don't make me wait."（不要遲到。不要讓我等。）可以說：I'll be there on time. On the dot. On the nose.（我會準時到。會準時。非常準時。）成功的人，說話更要客氣、有禮貌，不能讓你身邊的人有壓力。

劉毅